德國人入門

賴麗琇——著

Die Deutschen

自序

日耳曼人，這個遲到的民族，一八七一年才由「鐵血宰相」俾斯麥領導完成統一的民族國家——德國，與其他歐洲國家建國的歷史比較，堪稱是年輕的。爲何遲至十九世紀才成爲一個統一國家？要了解這個國家是怎麼樣從有名無實的統一狀態到眞正的統一國家，又與同文同種的奧地利及瑞士有何關係？本書首先簡短地勾勒出一個來龍去脈。有人說，德國人易走極端，既是天使，又是魔鬼，並不時會出其不意地創造出奇蹟。它是怎麼樣的一個民族？在歷史長河中，其文化的進展軌跡除承襲古希臘、古羅馬的文化外，尚有吸收鄰國的精髓，也有由其先民許多共同的生活經驗，共同的感受而發展出來的智慧結晶，還有那深植於日耳曼民族血脈中的精神和思想的特質。就是這樣的一個國家，在兩次大戰中皆敗北，卻如出一轍地在短暫的時間猶如古埃及神話中的不死鳥，在灰燼中再生，令人刮目相看。

世人也曾提出質疑，既然有以歌德（Goethe）、貝多芬（Beethoven）及康德

（Kant）等爲代表的德國詩人、音樂家與哲人曾創造過嘉惠世界、光輝燦爛的文化，也有以希特勒（Hitler）爲代表的民族敗類犯下了人類歷史上空前絕後、駭人聽聞、大規模的種族滅絕罪行；爲何會有如此明顯、極端的對比？世人也對兩次大戰初期，德軍所創的「軍事奇蹟」，即勢如破竹的「閃電戰術」瞠目結舌，佩服「沙漠之狐」隆美爾（Rommel）變幻莫測的戰術。第二次世界大戰後，西德人在到處斷垣殘壁，幾乎已成廢墟的土地上，以不到十年時間創造了「經濟奇蹟」。九〇年代末，更以不到一年的時間，迅雷不及掩耳的與另一個實行共產主義社會制度的東德完成了舉世矚目的和平統一大業，這又是一個「政治奇蹟」了。

大家對連連創造「奇蹟」的德國人不禁迷惑了，他們到底是何方神聖，有這些能耐吸引世人的目光？它究竟是怎麼樣的一個國家？它究竟是怎麼樣的一個民族性？「德國製造」（Made in Germany）這四個字本身，從一開始被嘲笑貶低，到後來一躍而成爲「品質保證」的代名詞。它是怎麼做到的？這些都是令人感興趣的。

德國位於歐洲的心臟地帶，人文、地理環境自有得天獨厚的一面，有勤勉的民族特性，守紀律、服從的民族精神，亦有積極、徹底及務求實際的處事哲學。也正由於這個中流砥柱般的精神和所具有的豐富文化，推動著整個社會，使國家富裕強盛。歐洲共同體是世界最大的經濟體系之一，德國在目前的歐盟居於火車頭的地位，尤其目前的歐債風波，大家都盼望著，德國能出手援助，它似乎變成歐盟唯一的救星，有能力解決歐債問題。德國的社會安全和法律制度更以完善而聞名於世。它是一個最重視維護人權的國家，甚至是各國政治受迫害的異議人士尋求庇護的王國。大家也都不否認，在世界政治舞臺上，德國也扮演著舉足輕重的角色。

德國人的不苟言笑、拘謹、一板一眼的標準印記已深入人心，難道德國人沒有輕鬆、幽默的一面嗎？沒有德式幽默嗎？沒有機智又詼諧、令人莞爾的臨場反應嗎？本書從各個面向探討德國並了解德國人。礙於篇幅無法詳細寫就有關德國的點點滴滴，故以精簡方式，兼顧嚴謹的學術史實，參雜一些趣味性的軼事，簡單扼要地敘述，不足或謬誤之處，尚祈方家不吝指正。

賴麗琇 謹識

二〇一三年九月於淡江大學

目次

壹、鐵與血的國家

德國人理所當然講德語，可是奧地利人和瑞士人也講德語。這是什麼原因呢？當然是同文、同種、同族的因素。原來在這一片講德語的廣大地區裡，自從他們的老祖宗西支日耳曼人在此生息之後，隨著時間的推移，人事的遞變而形成今天三國各自鼎立的局面，然而語言仍然是語言，並沒有隨著政治局勢而改變，倒是在這些地區的政治戲碼令人眼花撩亂。原來，瑞士要在三十年宗教戰爭結束的一六四八年脫離奧地利獨立，而德國也要在一八六六年由普魯士邦國領導和奧地利打一戰，一八七一年再和法國打一戰（見「俾斯麥領導的統一大業」）才能成爲一個正式名爲德意志帝國的國家。

德國這個國家通常都被誤會爲早就是一個統一的國家，一般都以「德國」稱呼，但這只是一個通稱而已。而在目前的這個德國，他們人民的民族意識與民族覺醒較遲，直到俾斯麥以「鐵」和「血」的意志，才領導德國人完成可歌可泣的統一。

一、從有名無實的統一國家到真正的統一國家

凡是有人問起德國這個國家到底是怎麼樣的一個國家時，大部分的回答不是「希特勒發起的第二次世界大戰慘絕人寰」，就是「德國貨讚！」，或許第二次世界大戰結束至今七十年了，大家還記憶猶新。德國貨的品質眾口鑠金，最普遍的是對號稱雙B的 Benz 及 BMW的汽車投以欣羨的眼光，將它看成身分地位的表彰。但如果問起德國這個國家是不是和英國、法國一樣，早就是一個完整的統一國家時，則就會遲疑不決地回答，「是嗎？啊，就是一個國家。」

其實能堂而皇之的將德國看成是一個實質性的國家，是一八七一年的一月十八日，普魯士國王威廉一世在法國凡爾賽宮（Schloss von Versailles）的「明鏡廳」（Spiegelsaal）正式即位爲日耳曼皇帝，統一德國，史稱第二帝國（das II. Kaiserreich），才是眞正的德意志帝國[1]，簡稱德國。這之前，在這一塊是由說著共同語言，源自同一種族的土地上，計有王國、選帝侯國、大公侯國、公國、侯國、方伯國、自由市等名稱不一的主權國所組成虛有其名的一個聯合體，他們使用不同的幣制與不同的度、量、衡單位。這時候，約近十八世紀末期，所謂的德意志領域，林林

總總算起來令人訝異不已，有大大小小的三百一十四個封建國家。以大文豪歌德於一七七五至八六年受威瑪（Weimar）大公爵卡爾・奧古斯特（Karl August）之邀到威瑪大公侯國去擔任類似宰相的職位（掌管財政、礦業、軍事、教育及戲劇文學等領域）爲例，那人口僅有區區六千人的一個小地方，竟然是個主權獨立的國家。因此，當時的德國地圖一攤開來，即被嘲笑爲像一條補了五顏六色的百衲被單。那麼這種具有分立領邦乃至於分邦主義特徵的德意志政治實例是如何產生的？本節從德國的地理位置及政治因素（歷史進程）來解讀。

我們知道「國家」一詞係指有土地、人民、政府、主權的團體。德國這個姍姍來遲的民族國家，位於歐洲的中央位置，與丹麥、波蘭、捷克共和國、奧地利、瑞士、法國、盧森堡、比利時和荷蘭共九個國家爲鄰（按順時鐘敘述）。它不像英國和法國早於十三、四世紀就建立了自己的民族國家，並分別於十七、十八世紀完成了民主革命，領先世界各國，成爲一個近代的進步民族國家。探討阻礙德國形成民族國家的因素可從兩方面來分析：一爲地理因素，一爲政治因素。地理因素是：德國的地勢係一塊北低南高的平坦丘陵地，山脈、河流縱橫交錯，與鄰國並無天然疆界以資屏障。對內山川橫亙其間不利於使用各方言的多種族人民之間的溝通，對外無法維持國土的完整性，任憑敵國的軍隊長驅直入（一六一八至一六四八年的三十年宗教戰爭其主戰場全在德國即爲一例）。

另一個政治因素可說是人爲因素，即德國人的特性，謹愼小心、堅持理性、特立獨行、無安全感、不易團結、自掃門前雪的行事風格，都是阻礙德國提早成爲一個統一的民族國家的原因。還有一個重要的因素是德國人對於「德意志民族神聖羅馬帝國」（Heiliges Römisches Reich Deutscher Nation）的國名迷戀不已，這個虛有其名的國號使德國人大一統的心態表露無遺；被稱爲兩次世界大戰的肇始國，其來有自。

攤開「德國史」可略窺端倪：德國人的老祖宗西支日耳曼人屬於印歐民族之一，由多種不一的民族所組成。西元初年已定居於多瑙河和萊茵河北岸了，後來慢慢向南移，他們不時地注視著對岸富庶的羅馬帝國。西元四七六年西羅馬帝國被日耳曼人的一個支系東哥德人所滅[2]，帝國被日耳曼各族所建立的王國瓜分了。這些新國家當中要屬法蘭克人（**Franken**）對德國的歷史最重要。第一個王朝梅洛溫王朝（**Merowinger**，西元四三一至七五一年）的名王克洛維（**Chlodwig**，約四六六年生，四八二至五一一年在位）頗有建樹。後被其宮相的兒子不平三世（**Pippin III.**，七一四或七一五至七六八年）篡位，傳至其子，雄才大略的查理曼大帝（**Karl der**

Große，七四七年生，七六八至八一四年在位）[3]繼承王位，八〇〇年十二月二十五日聖誕節，查理曼率其部下赴聖彼得大殿參加聖誕節子夜彌撒；於祈禱後，起立時，教宗李奧三世（Leo III.，七九五至八一六年在位）出其不意，將皇冠置於查理曼頭上，加冕他爲皇帝，呼之爲奧古斯都，爲凱撒，民眾附和之，歡聲雷動，三呼萬歲。教宗並以拜占庭禮向查理曼行三叩首大禮，在這樣的就職儀式下，正統的西羅馬帝國又重建了。

查理曼大帝統治下的法蘭克王國，最有意義的是卡洛林王朝的版圖還包括了從未成爲羅馬帝國領土的日耳曼土地——在現今德國的萊茵河與易北河之間的土地。因此，查理曼帝國的疆界北起易北河，南至西班牙的厄波羅河（Ebro），西到大西洋，東到奧地利、捷克等地[4]，幾乎恢復了以往西羅馬帝國的疆域，史稱「新奧古斯都」。待查理曼及其子虔誠路易（Ludwig der Fromme，七七八至八四〇年，八一四年即帝位）逝世後，帝位傳至其孫子，三位孫子爭奪天下。當時長孫洛塔爾一世（Lothar I.，七九五年生，八四〇至八五五年在位）據中部，襲帝號，仍都於阿亨（Aachen），次子丕平一世（Pippin I.，約八〇三年生，八一七至八三八年）分得西部，地屬今日法蘭西阿奎丹（Aquitanien）一帶，即所謂西法蘭克王國，丕平去世後，他的王國轉由其同父異母弟弟禿頭查理（Karl II.，der Kahle，八四三年即位，八七七年卒）繼承。三子路易二世分得東部，原日耳曼人所居之地，地屬今日德國之巴伐利亞，故外號「日耳曼路易」（Ludwig II.，der Deutsche，約八〇五年生，八四三至八七六年），即所謂東法蘭克王國。

八四〇年父虔誠路易卒，長子洛塔爾一世欲獨占帝國，兩位弟弟不滿他繼承帝國頭銜及分得大部分土地，以他曾虐待老父等多種藉口，於八四一年聯合出戰長兄於豐德乃（Fontenay），但不分勝負。而兩位弟弟因此宣誓聯盟相互保證反對長兄的野心到底。後人根據八四二年「斯特拉斯堡誓約」才得以窺見法蘭克帝國境內分化成兩大語系。禿頭查理的西法蘭克王國的人民早已接受高盧和羅馬的語言與習俗，他們使用的是變體的拉丁語及羅曼斯語（即拉丁語摻和法蘭克土語）混合而成的語言；在日耳曼路易的東法蘭克王國住著昔日講「多伊奇語」（deutsch，音譯，即今之德語）的各種日耳曼部落。當時的人以爲這個詞只是語言的區別，很久以後人們才了解，Deutsch 這個詞不只是指語言，還有「民族」和「土地、國家」的意思（終於將 die Deutschen「德國人」及 Deutschland「德國」的意義定位下來）[5]。所以日耳曼路易使用的是早期日耳曼語（條頓語）。當作戰時，爲讓雙方武士容易了解，彼此以對方境內的語言宣誓，查理講日耳曼語以使路易的武士能懂；而路易講羅曼斯語以便查理的人能理解。此即今天的德、法兩國語言分歧之始，並且衍變成兩個政治實體。但是現代的法國和德國並未因此就在八四二年出現。雖然「斯特拉斯堡誓約」是這兩個未來國家語文基礎的徵兆，但在當時的環境，這些國家在政治、經濟和心理上根本都還沒有基礎，而且此後不久，整個歐洲的政治和經濟更加劇地分裂。

路易和查理的聯盟終於迫使洛塔爾讓步，八四三年三兄弟在今法國濱馬斯河（Maas）的維爾登（Verdun）舉行會議，訂立「維爾登條約」，正式三分天下：禿頭查理得到西部、薛爾德河（Schelde）、馬斯河、索恩河以西的土地，號稱西法蘭克王國，日後衍變爲今日的法蘭西（法國）；日耳曼路易得到東部、萊茵河和易北河之間的土地，號稱東法蘭克王國，日後衍變爲今日的德意志（德國）。洛塔爾分得中部，除了獲得皇帝的稱號及義大利半島的北部外，還獲得介於東、西法蘭克王國之間的一條縱約千哩，寬百多哩的狹長地帶，領有布根地、亞爾薩斯、及介於馬斯河和萊茵河之間上溯至北海岸的土地，爲今日義大利的雛形。查理曼的後裔們征戰不休，分裂的帝國曾經於八八五至八八七年成功的維持了僅爲時二年的短暫統一局面。

查理曼的帝國在第九世紀末逐漸崩潰時，某東部仍在卡洛林的統治者之控制下，但是這些統治者卻無力統一整個國家。邊界由於地理位置處於遙遠的邊陲地帶，受到阿拉伯人、諾曼人（Normannen）、斯拉夫人和馬札兒人（Magyaren）的入侵，於是地方勢力，即一些有戰功被受封的藩侯逐漸坐大，一些大公侯國遂日漸擴展其勢力範圍。強敵當前，薩克森人、法蘭克人、施瓦本人、巴伐利亞人和洛林人的各部落團結在他們的軍事首領，即大公爵的周圍。這些因戰功而受封的王公諸侯不是鞏固軟弱無力的國王勢力，而是設法增加自己的戰鬥力，擴大並鞏固自己的勢力，以維護他們領地內的和平與安全，一些大公侯國如薩克森、巴伐利亞、施瓦本、法蘭克與圖林根等形成政治上封建的、獨立的小邦，這些公侯國的名稱在今天德國的地方自治制度中，作爲「邦」的名稱繼續存在，比如薩克森邦、巴伐利亞邦、圖林根邦等。

當日耳曼卡洛林王朝在東法蘭克最後一位皇帝幼兒路易（Ludwig IV.，das Kind，八九三至九一一年在位）去逝時，卡洛林王朝宣告終結。各獨立國紛紛而起，帝位的繼承改由這些有力的公爵討論決定。日耳曼四個最強大的公侯國薩克森、巴伐利亞、法蘭克和施瓦本推選無卡洛林血統的法蘭克公爵康拉德一世（Konrad I.，九一一至九一八年在位）作爲他們的國王，由此開始了「德國史」。西元九一九年薩克森公爵海英利希一世（Heinrich I.，九一九至九三六年在位）被康拉德指定並被選爲他的繼承人。海英利希一世的統治只有十七年，他藉教會之力，有效地統治日耳曼。在他去世前不久責成大公爵選他的兒子奧圖當國王，他讓公爵們選舉他多位兒子當中的一位當國王，爲的是要避免像卡洛林王朝將帝國平均分配給兒子們，造成國家的分裂。奧圖一世（Otto I.，九三六至九七三年在位）在查理曼大帝位於阿亨的行宮教堂加冕爲王。九六二年他接受羅馬教皇加冕，「德意志民族神聖羅馬帝國」從此誕生。他雄才大略，史家亦稱奧圖大帝（Otto der Groβe，九三六至九七三年）；奧圖大帝重振羅馬——德意志帝國的權勢，由此開始，德意志王成爲歐洲最高的權威。版圖現在雖已不包括法國了，他卻將疆界擴展到東邊一直到奧德河（Oder）。他統治時，王公諸侯擁兵自重與他作對。奧圖委託精力充沛的且有教養有文化的主教替他分擔國事，這些人對他忠貞不二。他們全力管理帝國和教會，並致力於維持和平、公理正義。查理曼大帝及奧圖大帝統治時，將政治權與宗教權掌握於手中，號稱被上帝所加冕的德國皇帝，史稱第一帝國。然而在十世紀時，法國修道院開始改革，改革項目中有一項即是教會要脫離世俗王權的控制。教皇葛列哥七世（Gregor Ⅶ.，一〇七三至一〇八四年在位）明示教會不是帝國的女僕，皇帝卻是被上帝加冕的教皇之僕人。教皇重申其擁有道德及政治的權力。於是衝突難以避免，政教合一被破壞了，中古世紀的歷史印記著皇帝與教皇的敵對與長年的爭執。

薩克森王朝末代皇帝去世後，公爵們選舉奧圖大帝的外曾孫法蘭克沙利爾（Salier）家族的康拉德公爵爲王。號爲康拉德二世（Konrad II.，一〇二四至一〇三九年在位）。王位傳到他的孫子海英利希四世（Heinrich IV.，一〇五六至一一〇六年在位）與教宗的衝突達於顛峰。爆發了「授聖職權之論爭」。葛列哥七世認爲，作爲一個最高精神權威的支配者，教宗對俗事也有管轄權。他決心保障所有主教與修道院院長的正規選舉，並進一步推展教會的改革。這意味著要廢除皇帝選派和任命的制度，並廢除附帶的「世俗授職權」；但是日耳曼的皇室政府甚爲重視這種由皇家任命高級教士的制度，因爲這不單只是涉及「世俗授職權」，而且也涉及教會職務的出售及其他許多關於王室的利益。因此從十一世紀到十二世紀期間，即展開激烈的俗權（皇帝）與教權（教皇）之爭。一〇七六年，海英利希四世宣布葛列哥七世侵占皇帝的權力，及他依靠武力當選主教無效。其後葛列哥七世莊嚴地行使由基督教授予聖彼得的「約束和赦免」的權力，將海英利希四世驅逐出教，並且宣布罷黜他的帝位，也解除那些效忠皇帝們的主教之職務。國王被革除教籍和廢黜王位立刻傳遍了全國，人們不可能接受一個不蒙受神的恩寵，被教會拋棄的人的統治。貴族們早已密謀，如果海英利希無法解決被革除教會的處分，他們就要另外選一個新的國王。

聰明的海英利希四世於一〇七七年一月越過阿爾卑斯山，來到教宗臨時行轅所在地卡諾沙（Canossa）城堡之前，時值寒冬臘月，大雪紛飛，天寒地凍，他身穿粗麻布衣的懺悔服，赤著雙足在城堡下跪了三天三夜，誠心地表示痛悔前非，祈求教宗的寬恕。葛列哥見他威嚴無存，體面掃地，身爲基督教士的教宗，面對一個表示悔過的人，給予寬恕處理是既定方針，教宗不能拒絕海英利希的請求，於是赦免他了，讓他恢復教籍，重登帝位。海英利希回德國後，集中精力整理內部，用武力一一平定了不馴服的諸侯，取消了他們的爵位和封邑，使他的政令和軍令得以實施貫徹。接著一〇八一年他聲討葛列哥，再次越過阿爾卑斯山，進軍義大利，一〇八四年攻陷羅馬，這時葛列哥在兵臨城下的情況下，再也發揮不出教宗的威力，只好棄城逃跑，最後客死他鄉。海英利希的「卡諾沙」之行，實際是一個苦肉計，取得了教宗的同情和諒解，從而贏得了可貴的喘息時間，用以整頓軍備。最後用軍事力量打垮了教宗的勢力。此後，中古世紀的皇帝和教皇的齟語不曾間斷。

俗權與教權之爭的內亂期，使得德意志國內封建貴族勢力坐大，擁兵自重，紛紛成爲一方領主，同時削弱了王權。這時諸侯們準備立一位有能力維持秩序的人來當國王，於是一一五二年選斯道佛家族的佛利德希一世（Friedrich I.，一一五二至一一九〇年在位）爲王，一一五五年加冕爲羅馬皇帝，史稱巴巴洛沙（Barbarossa，義大利文，紅鬍子之意）。紅鬍子力圖恢復帝國的光榮，十二世紀到十三世紀的斯道佛王朝實在是「德意志民族神聖羅馬帝國」最光輝燦爛的時期，中世紀宮廷、騎士的文化此時大放異彩，騎士精神的確立，宮廷、騎士文學的抒情詩、敘事詩及英雄敘事詩等的創作是德國文學史上第一個高峰期。一方面也積極向東開墾擴張領土。位在東方的諸侯國如霍爾斯坦（Holstein）、布蘭登堡（Brandenburg）及薩克森（Sachsen）等均努力地經營其領地，到了十三世紀便形成了以基爾（Kiel）、呂北克（Lübeck）、漢堡（Hamburg）及布萊梅（Bremen）等都市爲中心的「漢撒同盟」。根據地在東部，後來領導德意志人完成統一的普魯士，積極地經營東方，並且不斷地擴張領土，所以德意志的政治中心也逐漸向東移動。

斯道佛王朝結束後，自一二五四迄一二七三年，日耳曼的皇位一直虛懸著，長達十九年。在這一段「空位期」（Interregnum）之間，日耳曼的諸侯利用皇位的競爭者希望得到他們支持之心理，獲得了大量的承諾，藉此鞏固了他們的勢力。但是諸侯卻樂於在短時間內不要皇帝，因爲他們從君主所篡奪來的權力現在成爲他們堂而皇之的權力。每個諸侯皆可以起來作爲日耳曼的眞正統治者。從此以後，帝國的皇帝不再是世襲，而是由最有權勢的諸侯經由「選舉」的方式產生。史上共有七位有權力選舉皇帝的「選帝侯」。

一二七三年他們終於選了一位不起眼的伯爵，在奧地利的哈布斯堡（Habsburg）家族的魯道夫（Rudolf，一二七三至一二九一年在位）爲國王。魯道夫的領地在波登湖（Bodensee，爲現在德、奧、瑞三國之界湖）及阿勒河（Aare，萊茵河的一條支流）旁和亞爾薩斯，他兼併了位於日耳曼東南部的奧地利公國，並自任爲奧地利大公。當選時，他已經很老了，沒有人會想到他以後權勢如日中天，並且打造出一個輝煌的哈布斯堡王國來。魯道夫對皇室應有的權力和帝國領土是否完整漠不關心，他想要爲他的家族在日耳曼建立世襲的君主政體，加強其王族的勢力，故極力擴土占地。一些大主教與諸侯主張維護帝國領土的完整，反對強大的世襲君主政治，所以與哈布斯堡家族明爭暗鬥，使皇帝一職不再由某一家族長期獨占，而是由波爾梅（Böhmen）、盧森堡（Luxemburger）、哈布斯堡和巴伐利亞的威特爾斯巴赫（Wittelsbacher）等家族分別擔任。但是從一四三八到一八〇六年止，神聖羅馬皇帝除了兩個外，其餘都是哈布斯堡王室的人。

哈布斯堡家族的卡爾五世（Karl V.，一五一九至一五五六年在位）透過聯姻政策，他同時是西班牙的國王和日耳曼的皇帝。他統治時的版圖散布在半個地球裡：奧地利、波爾梅、義大利、布根地（Burgund，介於德、法間，從隆河延伸到北海）、荷蘭和西班牙及在美洲廣大的殖民地。他驕傲地說，在他的帝國太陽不下山。在他統治時期，西邊有法國跟他競爭；東邊受奧圖曼土耳其人的威脅。內政方面最大的事件是碰到宗教改革（曾在渥姆斯審判馬丁・路德，見第第一六九至一七〇頁），及農民戰爭。

在一切君主專制的王朝中，奧地利的哈布斯王朝可謂歷史悠久，從魯道夫一二三七年被選爲神聖羅馬帝國皇帝起，到一九一八年一戰結束，奧地利放棄帝號爲止，屹立了六百八十餘年。利用外交、戰爭乃至聯姻等手段擴大疆土的哈布斯堡王朝，所實行的是高壓、專制的統治。卡爾五世於一五五六年宣布退位，帝國分成西班牙的哈布斯堡，由卡爾五世的兒子菲立普二世（Philipp II.，一五五六至一五九八年在位）統治，及奧地利的哈布斯堡，由他的弟弟費迪南一世（Ferdinand I.，一五五六至一五六四年在位）統治。西班牙的菲立普二世的暴政在荷蘭引起革命，荷蘭人經過八十年長期艱苦的戰爭（一五六八至一六四八年）方才獲得獨立。在他統治下，西班牙的宗教、文學及藝術活動欣欣向榮。但德國的文學家卻給予負面的評價；歌德的作品《艾格蒙特》（*Egmont*）描寫西班牙阿爾巴（F. A. Alba，一五〇七至一五八二年）大公爵高壓的統治，受人民愛戴的艾格蒙特伯爵犧牲了。席勒的《唐．卡洛斯》（*Don Carlos*）及《尼德蘭脫離宗主國之歷史》（*Geschichte des Abfalls der Niederlande*）則直指菲立普二世的暴政。席勒一八〇四年的戲劇《威廉．泰爾》（*Wilhelm Tell*），描寫神射手殺死殘暴的統治者，呼籲族人起來反抗哈布斯堡的統治。而奧地利的費迪南二世（係費迪南一世之孫，一五七八至一六三七年，一六一九年起在位）也執迷於宗教信仰，他的統治更爆發了使德國生靈塗炭的「三十年戰爭」。三十年戰爭從一六一八年開打，到一六四八年結束。歐洲的國家丹麥、瑞典、法國、西班牙皆參戰，而主戰場幾乎全在德國的土地上；這場延續三十年之久的戰爭實爲一極殘酷之戰爭，大軍所過，廬舍皆成廢墟，有行數十里「不見一人，不見一牛，不見一麻雀者」，戰況之激烈可想而知；加上暴民、不法之徒的燒、殺、劫、搶等慘無人道的肆虐蹂躪，這一場浩劫結束時，德國的人口從一千七百萬銳減爲八百萬，德國受此禍害之深，實無法加以形容。德意志的統一在近代史是遲至十九世紀最後三十年中的事，其落後的原因，與十七世紀初的三十年戰爭有關。

法國與瑞典在戰爭結束所簽訂的「威斯特裴里亞和約」中（Westfälische Friede）是大贏家，獲得了許多德國的土地。荷蘭與瑞士脫離帝國獲得了獨立[6]。損失最慘重的德國，政治版圖也重新劃分。在帝國境內形成了三百十四個日耳曼小邦，他們擁有主權，有權和別的國家簽訂和約，可以不經皇帝的同意而自由宣戰或媾和。布蘭登堡—普魯士（Brandenburg-Preußen）邦國在這次戰爭中不僅國勢強大，且戰後兼併了東波美爾（Ostpommern）以及從前天主教的主教們所統治的幾個行省，一躍而與奧地利、薩克森、巴伐利亞和漢諾威的諸強盛邦國占同等重要的地位；日後，更於下一個世紀在德國史上扮演一舉足輕重的角色。威斯特裴里亞和約的簽定徹底摧毀神聖羅馬皇帝對日耳曼的野心，和約明文規定德國王公諸侯的獨立權，使這古老帝國的統一性逐漸不具任何意義了。

一七九九年，雄霸一方的拿破崙（Napoléon Bonaparte，一七六九至一八二一年）登上了法國第一執政官寶座，爲了鞏固和擴大法蘭西勢力，完全按照法國傳統的反哈布斯堡王朝的政策。當時在講德意志語的地方，有領土已擴大了的普魯士，其國力也逐漸強勢起來，儼然成爲繼奧地利之後，第二個德意志大國，尚有獨立的、具有生存和結盟能力的中等國家，還有一些或親奧或親普的小帝國。拿破崙不願這些中等國家或小帝國與兩個德意志大國中之一結盟，於是他對奧地利、普魯士及其他德意志諸邦國版圖有目的、有意識地進行重新劃分，其方法是廢黜了若干小公侯與小國王，使諸侯國數目減少；如出現了巴登（Baden）、烏騰貝（Würtemberg）和巴伐利亞這樣實力雄厚的中等強大的邦國，以及漢堡、不萊梅、呂北克等漢撒貿易同盟城市。這些邦國與城市就是在這時候開始興旺起來並獲得了獨立。拿破崙的政策在一定的程度上大大的改變了德意志諸小邦國的割據局面，儘管這一版圖的重新劃分迫使四百多萬的人民更換了主人，只完全著眼於法國的利益；但從客觀上來說，它結束了自斯道佛王朝衰弱以來，帝國政治版圖四分五裂，諸小國割劇的局面。還有，德國民族思想的產生和民族主義的加速發展，也是和拿破崙的強制干預不可分的。

一八〇四年拿破崙稱帝，許多住在萊茵河沿岸的德國人將他看成是查理曼大帝的繼承者，當他訪問萊茵蘭（Rheinland）時，受到熱烈的歡呼。當法國的艦隊被英國海軍名將聶爾遜（H. V. Nelson，一七五八至一八〇五年）擊敗後，拿破崙嘗試癱瘓英國的經濟，實施「大陸封鎖政策」。爲了這個目標，他必須占領當時屬於普魯士在北海和波羅的海沿岸的港口。一八〇六年七月，不可一世的拿破崙索性把西部和南部的十六個中、小型德意志邦聯合併成「萊茵同盟」（Rheinbund），一八〇六年八月一日萊茵同盟國家宣布退出神聖羅馬帝國。八月六日法蘭茲二世（Josepf Karl, Franz II.，一七六八至一八三五年）在拿破崙的命令下摘下皇冠，只在他的一些世襲邦國領地上改稱奧地利皇帝，至此，傳承九百年的「德意志民族神聖羅馬帝國」壽終正寢。從一八〇六至一八〇九年奧地利人企圖自拿破崙的壓力下爭取解放，但是慘遭失敗；哈布斯堡王室除再度割地請降之外，法蘭茲二世還被迫把最鍾愛的長公主瑪莉・露易絲（Marie-Louise）嫁給拿破崙。而普魯士的威廉三世（Friedrich Wilhelm III.，一七九七至一八四〇年在位）由於拿破崙曾答應給普魯士的漢諾威王國去換取英國占領的西西里島卻出爾反爾。一八〇六年普、法開戰，普軍戰敗，被迫簽定提爾希特和約（Tilsit）。

十九世紀之初，拿破崙軍事上所向無敵，橫掃千軍，文化上強迫德國人法語化，政治上實行高壓政策，奧地利和普魯士敗在拿破崙手下這一事實，大大激勵了德國的革新思潮和改革運動。一八一二年十一月，拿破崙在俄國戰敗的消息振奮了德意志的民族解放運動。一八一三年三月十七日，威廉三世發表「致我的子民」（An mein Volk），呼籲普魯士人武裝起來抵禦法國的侵略，迫於現實，和俄國及奧地利結盟，下決心與拿破崙作戰。一八一三年十月十六日至十九日發生在萊比錫的民族之役（Völkerschlacht bei Leipzig）二十萬五千名盟軍對抗十九萬的法國軍隊。與法國結盟的德國諸侯紛紛脫離拿破崙，擺脫了他的控制，一八一四年，盟軍進入法國，三月占領了巴黎，拿破崙宣布退位，並被放逐到厄爾巴島（Elba）。在與拿破崙的戰爭中，德意志民族意識在全國大大的高漲並受到淬煉。

一八一四至一八一五年由奧地利首相梅特涅（Metternich，一七七三至一八五九年）發起，由歐洲五強：沙皇俄國、普魯士、奧地利、英國與法國封建王朝的代表在維也納召開維也納會議（Wiener Kongress），目的是復辟及恢復一切舊秩序。會議主旨爲盡力根絕法國的革命思想，恢復各國王們的帝位，並又拿回原來的土地。列強們並不希望在歐洲建立一個強大的和令人敬畏的帝國，維持歐洲的均勢是共同的目標。幾個大國訂立條約保證之，並且分贓了戰利品：德語區的普魯士獲得北薩克森、萊茵蘭、威斯特發倫、瑞典部分的佛波梅爾（Vorpommern），奧地利收復了西南部的土地，計有佛阿爾柏格（Vorarlberg）、梯洛爾（Tirol）、莎茨堡（Salzburg）及義大利北部（Oberitalien），確保其勢力範圍，放棄布萊斯高（Breisgau）和奧地利管轄的荷蘭（英國要求荷蘭成立共和國）。

拿破崙所代表並散布的思想——「自由」較少，反而是「團結」，他在德意志做了不少團結小國的工作，廢黜了若干小國王及小公侯。而維也納會議所重視的是統治者，不是人民，因此毫不關心自由的與民族的團結。從前德意志的小王國，親王領地以及公侯國，一共有幾百個，而維也納會議則合併爲三十五個主權國家，加上美因河畔的法蘭克福、不萊梅、漢堡和呂北克四個自由市，組成一個叫「德意志邦聯」（Der Deutsche Bund）的鬆散機構，這一個國家聯盟由奧地利擔任主席。根據條例規定，各邦國和自由城市都保持獨立自主，擁有自己的邦政府、邦議會和軍隊；在法蘭克福設立一個「邦聯議會」，由各邦國和自由城市派代表參加。但「邦聯會議」通過的決議，卻對各邦國和自由城市沒有約束力，因爲各邦聯是一個極鬆弛的組織。雖然「德意志邦聯」是各邦國和自由城市的鬆散結合體，但是卻勝於毫無聯繫；雖還不是統一的德意志國家，但卻已逐漸喚醒了民族的歸屬感，是後來趨向於團結的一個步驟，爲日後德意志的統一鋪路。

二、俾斯麥與德意志帝國

㈠俾斯麥其人其事

在一八七一年之前，於目前德國人居住的這一塊土地尚不能稱爲德國，當時那只是一個同文、同種、同族，一樣講著「德語」的眾多獨立邦國。到拿破崙稱霸歐洲，所向披靡的鐵騎踏入德意志這塊土地時，在其統治下雖然只有十多年，但他在德意志做了不少團結小國的工作，廢黜了若干小國及小公侯，間接喚醒了德國人的民族意識。德意志後來所以能團結成爲民族國家，拿破崙實功不可沒。否則當有人問歌德是哪一國人時，他只能回答是法蘭克福人，問海涅（Heinrich Heine，一七九七至一八五六年）同樣問題時，他也和歌德一樣只能以其出生地杜塞多夫（Düsseldorf）來回答。

維也納會議將從前德意志一共有三百一十四個的小王國、親王領地以及公侯國合併爲三十五個主權國家，加上美因河畔的法蘭克福、不萊梅、漢堡和呂北克四個自由市，組成一個叫「德意志邦聯」的鬆散機構，這一個聯盟由奧地利擔任主席。

這個邦聯以奧地利和普魯士最爲強大。一八四八年五月十八日有五百位代表在美因河畔法蘭克福市的保羅教堂（Paulskirche）召開第一次全德意志的「國民會議」（Nationalversammlung）目的就是試圖通過立法程序，替整個德意志制定一部憲法，建立一個君主立憲國家。爲了制定一部帝國憲法進行了冗長的辯論，但是會議中討論最爲激烈的問題是德國統一究竟要採取包括奧地利在內的「大德意志方案」（Die Großdeutschen），或排除奧地利的「小德意志方案」（Die Kleindeutschen）。一八四九年三月十七日，國民會議以二百六十七票對二百六十三票通過了「小德意志方案」。三月二十八日在二百四十八票棄權，以二百九十票選舉普魯士的威廉四世爲德意志皇帝；這天也通過了一部《帝國憲法》。

國民議會的豐碩成果並沒有讓德國完成統一。因爲奧地利提出整個國家的結合必須也包括奧地利統治的非德意志民族（指巴爾幹半島），使許多原本支持大德意志方案的人逐漸轉變爲支持小德意志方案。並且認爲帝國的本體早已存在於參加德意志邦聯的一些國家，而倡導關稅同盟的普魯士最適合來擔任德國統一的領導工作。這是因爲大多數德意志民族主義分子認爲普魯士人民幾乎全都是德意志人，而奧地利人民卻大多數不是德意志人。當一八四九年四月三日國民議會的議員恭請威廉四世登上皇帝寶座時，他出乎意料地一反常態，不承認議會所做的一切工作（包括制定帝國憲法），也粗暴地拒絕擔任皇帝。因爲他認爲他的皇冠要由各邦國的王公貴族敦請他，並要上帝的恩寵祝福。他想要恢復「德意志民族神聖羅馬帝國」的帝位；不要戴一頂由平民百姓經由開會制憲與血腥流血革命的手送給他的，且帶有腐屍臭氣的王冠。其實他拒絕的原因是害怕被排斥在外的奧地利的報復，因爲當時奧地利的版圖、勢力範圍相當大，超過普魯士好幾倍。

在這種背景下，欲統一德意志，惟有驅走奧地利，一時愛國氣氛瀰漫，傾向武力的人士迫切希望有一位巨人來領導他們。土地貴族出身的奧圖・封・俾斯麥（Otto von Bismarck，一八一五至一八九八年）此時正式出場，擔任此一艱鉅工作的總工程師。俾斯麥在哥廷根（Göttingen）和柏林大學攻讀法律，取得法學博士。一八三六到三九年在阿亨和波茨坦（Potsdam）擔任法院的候補官員，之後返家治理田產，成功地經營他的農莊，過著放蕩不羈的生活，鄰人爲之側目。他年輕的時候是個頑劣的壞分子，在學校不守校規，常常破壞學校的東西，調戲少女，甚至嫖妓，幾近一無賴。俾斯麥天資頗高，除了法律專業外，同時還涉獵文學、歷史與哲學。在教會團契時認識了他未來的太太約漢娜（Johanna von Puttkamer，一八四七年與俾氏結婚）

後，因爲她是虔誠的新教徒，對俾斯麥曉以大義，他才有了轉變。後俾氏從政，他是個保守主義者，對所謂的民主憲政是深惡痛絕，也因此他對奧國在一八四九年以鐵腕鎭壓革命運動給予高度的評價。這種親奧的態度使得他在一八五一年到五九年被任命爲普魯士駐法蘭克福的邦聯議會代表，與邦聯中的外交官周旋，不久他便了解奧國的用心，知道普魯士和奧地利無法並存於德意志邦聯內。換言之，在這兩個國家當中，終將有一個要被逐出德意志邦聯，那便是奧地利。自此，他就從主張親近奧國轉而主張對抗奧國。他這項態度的轉變使得威廉一世（Wilhelm I.，一八六一至一八八八年在位）相當生氣，因此將他召回。一八五九年至六二年出使俄國彼得堡（Petersburg）。一八六二年被派往巴黎（Paris）任大使，同年九月，又奉威廉一世之召，回普魯士擔任宰相之職。

史上評價俾斯麥完成統一德國一事，看似都在他的巧妙計算中，其實他並沒有眞正仔細地策劃過統一德國之事宜，統一的過程應該是情勢自然發展的成分居多，並帶有某種偶發性，或多或少出於普魯士人看不慣奧地利的老大作風，處處想當德意志的領導者，偏偏頭腦靈敏、機智的俾斯麥因時利導，掌握到最好的時機予以反擊，從底下三件軼事可見俾斯麥的過人之處。

他三十六歲出席德意志邦聯會議時，奧利地在當時的各邦中最為強大，在邦聯議會中占明顯的優勢，所以奧地人在議會中享有許多特權。當時，在議會中有一個不成文的慣例，開會時，只有擔任主席的奧地利人才有權吸菸。

俾斯麥代表的普魯士勢力相對弱小，可他對法蘭克福議會中的這個不平等的慣例非常不滿，就想找個機會挫挫自恃強大、享有許多特權的奧地利人的威風。在一次會議中，他看準時機，當主席旁若無人地抽出一枝雪茄菸時，他也立即拿出一枝雪茄菸，並且還大喇喇地當著與會者向主席借火把菸點燃，公然地和主席對吸起來，以此顯示在邦聯會議中普魯士和奧地利是平起平坐的，任何人也不能取得某種特權。由於這種特權是不成文的，奧地利人只好敢怒而不敢言，若此時出言不遜，只會招致不滿，更加下不了臺。

儘管當時普、奧兩國實力懸殊，很難爭得眞正的外交政治平等的地位，但俾斯麥這一看似很平常的舉動，卻包含了更深層次的政治含義，也正是透過外交禮儀活動中這一很細微的舉動，彰顯「以小喻大」，使得參加法蘭克福邦聯會議中的其他諸侯，開始對普魯士這位年輕大使刮目相看。他們早就不滿意奧地利人作威作福、不可一世的模樣，希望有人出頭挫挫奧地利人的銳氣。事實上，俾斯麥此舉是有的放矢，十拿九穩的。

又有一次，已是首相的俾斯麥擔任普魯士代表，出席德意志邦聯會議時，奧國使臣在公眾場合，雖是小節，亦欲藐視普魯士，令俾斯麥相當反感。倔強的俾斯麥亦不甘示弱，他最津津樂道的「襯衫」故事，世人傳爲美談。他常常向人敘述他與奧地利大使，一位叫做屯恩（Thun）伯爵的一件事；他去見伯爵時，伯爵只穿著襯衣接見他，並且在俾斯麥面前毫無表情的要穿上外套時，俾斯麥馬上脫下他的外套說：「您沒錯，閣下，這裡實在太熱了。」這二則小故事意味著，俾斯麥在任何場合裡，都要宣示普魯士有平等權，絕不是矮人一截的。

俾斯麥的機智也爲世人傳頌著。他在彼得堡擔任大使時，在一次盛大的舞會，與一位漂亮的舞伴翩翩起舞，一邊跳，俾斯麥一邊讚美舞伴美若天仙。那位舞伴心裡雖然洋洋得意，卻要扭捏作態：「我眞的美嗎？啊呀，您們外交官的話怎麼能相信呢？」

俾斯麥溫和地說：「外交官的話爲何不可信呢？」

那舞伴撇撇嘴說：「很簡單啊！當外交官說『是』的時候，意思是『可能』；說『可能』時，意思是『不行』；若眞的說『不行』的話，那麼他就不是外交官了啦！

是這樣的吧，先生！」

「噢，夫人，您說得一點兒也不錯！」俾斯麥假裝信服地說，「這可能是我們的職業病吧！身在外交場合，我們不得不這樣說啊！」

正當那舞伴自鳴得意時，俾斯麥又加了一句：「但您們女人卻正好相反。」

「怎麼相反呢？」

「這也很簡單，當女人說『不行』時，意思其實是『可能』；當女人說『可能』時，意思是『是』；若眞的說出『是』，那麼她就不是女人了。」

那舞伴愣得嘴巴一張一張的，說不出話來。

俾斯麥得到「鐵血宰相」的稱號是他在一八六二年九月三十日在預算委員會議上慷慨激昂的發表演講：「德意志之所期望於普魯士的，並不是它的自由主義，而是它的實際權力……普魯士必須積聚自己的力量以待有利時機，這樣的時機我們已經錯過好幾次了……；當前的重大問題，不是透過演說、辯論或過半數的投票所能解決的——這正是一八四八年和一八四九年所犯的錯誤——唯一的方法就是要用鐵與血。」

㈡俾斯麥領導的統一大業

俾斯麥意識到，如果要建立一個以普魯士爲首的「德意志聯邦」，就需要在外交謀略先做好準備工作。他先讓可能會干涉普魯士政策的俄國和法國置之事外。奧地利已經顯示它的無能，不足以領導德意志，同時有一件事情也極明顯，就是非經武力戰爭，奧地利是不甘願放棄它的領導地位的；既然一八四八年法蘭克福會議的統一方案是不包括奧地利在內的「小德意志方案」，所以，俾斯麥極力籌劃推翻奧地利的方法。要統一，就少不了戰爭，這正是俾斯麥的理念。要開戰就需要有軍隊，雖然國會議員反對增加軍費，然俾斯麥意志堅定，決心將國會一腳踢開，實施獨裁統治。他重用熟悉陸軍組織法的作戰部長龍恩（Albrecht von Roon，一八〇三至一八七九年）及任命毛特克（Helmuth Moltke，一八〇〇至一八九一年，一般譯爲毛奇，是丹麥語音譯名）爲參謀總長，毛特克係丹麥後裔，是十九世紀後期最偉大的兵法家。俾斯麥加重稅收，完成龍恩所建議的軍事改革，又首先在普魯士實施全國皆兵制度。在這兩位優秀軍事家共同努力下，普魯士很快就擁有一支戰鬥力雄厚的大軍。有備而來的普魯士所等待的是一個有力的時機。石列斯威（Schleswig）和霍爾斯坦問題的發生給予它絕佳的機會。

1. 普、丹戰爭

石列斯威和霍爾斯坦這兩個公國位在德國與丹麥的交界線。政治上歸屬於德國還是丹麥，一直懸而未決。這兩個公國自古均爲公爵采邑，自一四四八年丹麥國王兼爲該地公爵，兩地區都住著德意志居民，只有北石列斯威有少數丹麥人居住。一八三〇年，丹麥欲兼併這兩個公國爲其直轄屬地，在兩地內推行憲法。兩個公國人民投票贊成歸屬德國，反對丹麥人想把他們併入版圖的計畫。一八六三年，丹麥國王去世後，國會通過新憲法，宣布石列斯威爲丹麥直轄地，被併入丹麥。俾斯麥勸告丹麥取消它的新憲法，一方面又爭取奧地利當盟友。其實俾斯麥的眞正目的是「普魯士要吞併這兩個公國」。於是德意志邦聯議會和普、奧兩國於一八六四年對丹麥宣戰，普、奧聯軍大敗兵力軟弱的丹麥。一八六四年十月三十日簽定維也納條約。丹麥被迫放棄這兩個公國，交給普魯士和奧地利管轄，兩國共管播下了兩年後普、奧之間戰爭的種子。

2. 普、奧戰爭

剛開始時，兩個戰勝國派出民政特派員來共同管理這兩個公國。但土地的歸屬問題馬上成爲普、奧的爭執點。由於地理位置上普魯士與這兩公國毗鄰，較占優勢，因此奧地利建議由魯普士單獨統治，來換取斯雷西亞地區（Schlesien，爲普、奧七年戰爭，奧敗割讓給普的一個工業區），俾斯麥和普王反對。他早已決心與奧國一戰，兩國共管戰利品會衍生出什麼事件，這些情形都早在俾斯麥預料之中。一八六五年兩國暫時妥協，簽定「加斯坦協定」，石列斯威、勞恩堡（Lauenburg，易北河的一個小公國）及基爾港劃歸普魯士，奧地利則獲得霍爾斯坦。至於這兩個公國的最終歸屬，仍由普、奧雙方決定。俾斯麥先在外交方面布署，他同法國拿破崙三世協商，先由普魯士兼併石列斯威及霍爾斯坦兩個公國，再幫助義大利收回威尼斯。如果法國善意中立支持普魯士在北德擴張，則法國將會在諸如盧森堡或比利時問題得到補償。拿破崙三世不僅不反對俾斯麥的野心，反而贊成普魯士和義大利的結盟。至於英、俄兩強方面，應該不會有問題，丹麥戰爭時，英國袖手旁觀，俾斯麥認爲英國不會插手救助奧地利，俄國仇奧親普，也不會袒護奧地利。外交安排妥當後，下一步就是尋找一個開戰的理由。

奧地利一直希望將這兩個公國劃歸給奧古斯滕堡公爵（Augustenburg）統治，成爲德意志邦聯中的獨立邦。管理霍爾斯坦的奧國官吏暗助奧古斯滕堡公爵在石列斯威作亂，普魯士指爲奧國主使，此爲開釁之機會。一八六六年俾斯麥在德意志邦聯開會時，提出由全民直接選舉的國民議會取代邦聯議會，討論改革邦聯憲法問題，奧地利當然反對這項提議，爲了爭取日耳曼各邦的支持，奧地利有意將霍爾斯坦交給奧古斯滕堡。於是俾斯麥藉口奧國違反加斯坦協定，下令普魯士軍隊開入霍爾斯坦，並且嚴厲提出奧地利退出這個邦聯。相對地，奧地利也要求邦聯議會動員邦聯軍隊討伐普魯士，邦聯議會同意奧地利的要求，於是普魯士退出了邦聯。

一八六六年六月二十一日普、奧開戰，北部大多數小邦國及南部四小邦均助奧攻普。普魯士只得義大利的聲援。一時之間，情勢似乎對奧國有利。俾斯麥爲了實現他的統一大業，不得不鋌而走險，這場在德國史上習慣被視爲德對德戰爭，原本都被認爲這將是一場持久戰，但事實上只進行了四個星期。開戰時，俾斯麥也沒有十足的把握，他完全清楚，這一仗是他的政治賭博，據說他甚至帶著一瓶毒藥上戰場，準備普軍若失利時，自殺用。這場普勝奧敗的戰爭，使全歐洲爲之震驚。普軍能勝利歸功於龍恩的負責訓練兵士、毛奇的指揮戰略及普軍配備新式軍械，使用的「後膛槍」係可快速擊發的步槍，而奧軍仍使用舊式的自槍口裝入火藥的槍。當一八六六年七月二十六日普軍進駐尼可斯堡（Nikolsburg）時，奧皇遣人求和，俾斯麥原則同意和平條約，但是一些將軍，尤其是皇帝威廉一世積極主張直搗維也納，因爲他認爲奧地利是這場戰爭的禍首，必須付出「失地」的代價。但是俾斯麥深知此後在國際局勢中，普魯士仍須仰賴奧地利的合作，並且法國和其他列強不會樂意看到過於苛刻的和約，故力勸威廉一世，僅與奧簽訂和約，不索取賠款與割地。

3. 普、法戰爭

從一八六六年到一八七七年之間，普、法兩國的交惡日深，拿破崙三世因索取「報酬」，一再被俾斯麥以任何藉口拖延或置之不理所愚弄，普、法兩國人民多已認爲雙方終將難免一戰。在此同時，俾斯麥見到南德諸邦對普魯士的稱霸野心深感不安，因此，他認爲對外（法國）發動一場戰爭乃是完成統一的捷徑，故在外交方面他積極地部署。西班牙王位繼承提供了兩國開戰最好的導火線。歐洲王族之間由於聯姻，因而族系攀親帶故異常的錯綜複雜。一八七〇年，西班牙王位空缺，由於俾斯麥的活動，西班牙政府提議由當今普王威廉一世的遠親兄弟利奧波德（Leopold，一八三五至一九〇五年）親王繼承王位。幾經周旋，一八七〇年六月二十一日，普王威廉一世以霍亨佐倫（Hohenzollerm）家族家長的身分向西班牙國會表示同意。本來西班牙和普魯士對這件事情都守口如瓶，不過，在俾斯麥的安排下，於西班牙議會進行選舉之前，事情洩露了，法國於一八七〇年七月二日得知這項消息，朝野震驚，憤怒溢於言表，因爲這樣法國形同被德國和西班牙包圍了，故均謂此舉妨害法國安全，必定是俾斯麥的陰謀，法國對之孰可忍，孰不可忍。

法國要求普魯士撤回同意，否則法國不惜一戰。當時派駐法國的普魯士大使將赴艾姆斯（Ems）行宮覲見普王，法國外長請普使歸國之便，解釋法國輿情，並希望普王能取消繼承之事。普王傾聽普使的報告，頗有取消之意。這期間幾經協商，普王覺得沒有必要由普魯士親王去繼承西班牙王位，又利奧波德本無意繼承西班牙王位，利奧波德之父遂以兒子的名義電告西班牙政府、駐法的西班牙大使及普王，宣布放棄王位。到此，事情本已結束。巴黎認爲是外交上的勝利，但法國輿論尚不滿足，尤以主戰派更是得理不饒人，咄咄逼人地建議拿破崙三世，要求普王向法國道歉，並且要普王保證霍亨佐倫家族成員今後永遠不再繼承西班牙王位。一八七〇年七月十三日早上法國大使再度覲見普王，再次提出要普魯士作出承諾的話題。普王表示，這個問題，可以通過今後的會談來解決：「我已無話可說了。」普王以堅決的態度一口回絕了。實際上，威廉一世的態度還是息事寧人。而且有理、有利、有節，法國大使當然無話可說。當時賓主應答有禮，無傲慢失儀之處。然普王以法國的要求唐突且無理，當天下午立即命令侍臣繕具電文告知在柏林的俾斯麥，並且授權俾斯麥全權處理今後普、法之間的一切交涉。正在撰稿時，法國大使再求覲見，普王使人告知他即將返柏林，無暇接見。七月十三日晚上，俾斯麥、龍恩和毛奇三人正進晚餐時，艾姆斯電報抵達，俾斯麥詢問毛奇和龍恩普軍情形，二位軍事首腦向他保證，一旦發生普、法戰爭，絕對可以穩操勝算。於是俾斯麥即刻坐於桌前，將長達二百字之電文刪去了一半，並做了巧妙的文字安排，將普王答應「以後通過會談來解決」的內容刪掉，而保留了法國大使咄咄逼人的無理要求和普王「我已無話可說」的內容，再冠以「艾姆斯來電」，將整個事件披露於新聞媒體。

果然如俾斯麥所料，艾姆斯電文於普、法報紙披露之後，雙方都認爲自己的領袖遭受對方的侮辱。憤怒的巴黎人高喊著：「柏林，向柏林前進！」法國國會議員以「法蘭西遭到侮辱」於一八七〇年七月十九日向普魯士宣戰。於是普、法戰爭正式開打。普、法兩國人民都認爲他們是爲自身權益而戰，所不同的是，普魯士準備已久，而法國卻毫無備戰。法國先下戰書，普魯士似爲自衛，故當時的輿論幾乎都傾向普魯士；英、義、俄、奧宣告中立，本來親法的南德四邦視此爲德意志民族聖戰，南德人爭相加入普魯士軍隊，合力抵抗法國，而皇太子受命統率南方軍隊，尤得南德人士歡心。普、法兩軍實力懸殊，比如在軍隊的人數、領導的藝術、布局、士兵素質及士氣高低等方面，普軍遠勝於法軍。法國當局預期有五十萬軍人，而眞正報到者只有二十六萬五千人，軍事行政混亂無章，軍隊運輸紆緩廢時，邊疆砲塞設備不全。更令人匪夷所思的是軍隊司令部只備有德國地圖，而無本國地圖，蓋作戰部署只預定進攻策略，未定防守計謀；兩國開戰，其實主戰場全在法境，不敗也難。反觀普國軍隊，軍容整齊、組織嚴密、秩序井然，動員軍隊有八十萬，預備軍有二十五萬人，兩週之內動員完畢。武器方面，普軍的槍枝雖不及法國的性能佳，較爲準確和快速，然普軍備有重砲，是克魯伯（Krupp）工廠[7]所產的鐵鑄後膛砲，而法軍所使用的大砲是用銅鑄的前膛砲，兩軍火力上相差一大截。普軍戰略在集中力量，繼續進攻，直取首都巴黎。兩國元首均在軍中親自指揮。普方之俾斯麥、毛奇、龍恩等將領皆隨侍威廉一世左右。

戰爭開始，普軍迅速動員，毛奇將軍所率領的五十萬大軍立即兵分三路，勢如破竹地攻入法國。經過一連串的戰役，攻占不少處邊境要地。一八七〇年八月六日，普軍攻下亞爾薩斯（Elsass）和洛林（Lothringen）。八月三十一日，法軍退入色當（Sedan）時，已被普軍層層包圍。九月二日拿破崙三世爲了避免無謂的犧牲，下令豎起白旗，帶著九萬大軍向普魯士投降。拿破崙被俘虜後兩天，九月四日，巴黎市民衝入立法會議，由甘必大（Léon Gambetta，一八三八至一八八二年）及法夫爾（Jules Favre，一八〇九至一八八〇年）宣布拿破崙三世即日起退位，巴黎宣告成立第三共和。由於法國不願意割讓亞爾薩斯和洛林，所以戰爭繼續進行。自一八七〇年九月後，巴黎即陷入包圍。一八七一年一月五日普軍不斷的砲轟，由於糧食短缺，法國一些國民軍起來發動革命，企圖推翻共和政府，一月二十二日又發生另一次革命。一月二十八日法夫爾前往凡爾賽與俾斯麥談判簽署停戰協定。

普、法戰爭一如俾斯麥所料，扎扎實實地完成了德意志的統一大業，早在一八七〇年十一月，俾斯麥就與南德諸邦商討加入北德意志聯邦之事宜。在南德各邦中，巴伐利亞和烏騰堡兩邦國表明在郵政及鐵路有自理權，甚至在承平時期可以管理自己的軍隊。俾斯麥做了讓步，使這兩個邦國放心地締結條約，共同組成一個德意志帝國。一八七一年一月十八日，威廉一世在凡爾賽宮的鏡廳就任「德意志帝國」皇帝。德意志帝國終於取代了一八〇六年解體的這個「既非德意志民族也不神聖的羅馬帝國」，史稱第二帝國[8]。

㈢俾斯麥治下的德意志帝國

1. 帝國政治組織

德意志帝國名爲聯邦國，實爲獨裁專制。新帝國憲法於一八七一年四月十六日頒布。帝國皇帝由普魯士國王擔任，下設聯邦參議院（由二十五個邦國之政府派遣五十八名參議員組成，由帝國首相擔任主席）及帝國議會（由三百八十二名國會議員組成，自一八七三年起增爲三百九十七名；每三年舉行一次選舉，自一八八八年起，每五年舉行一次選舉。年滿二十五歲的男士有選舉權者，以普遍、平等及祕密方式選舉。）德意志皇帝可以不經帝國議會的許可任命普魯士內閣總理，也可以不經聯邦參議院的同意任命首相。從德意志帝國憲法可看出其憲法是君主立憲的聯邦制憲法，體制是不民主的聯邦制。中央與邦政府權力的劃分相當清楚，指定若干權利，由各邦政府行使，比如教育制度、審判權、社會福利制度、宗教及稅制，各邦國因而可以確保一般的人權。未經指定者，均屬於帝國聯邦政府統籌，如軍事、外交、司法、交通、郵電、商務及關稅等共同事務。聯邦政府的法令由各邦執行，聯邦政府不設官員，所以新帝國憲法實爲北德意志聯邦之領袖普魯士與南部諸邦妥協的條約。帝國會議中**政**

黨甚多，這些政黨很少能影響政府的決策，更遑論能指揮政府。俾斯麥在外交方面可以放手去做，因爲他只對皇帝負責；在內政方面受限於憲法，他必須與帝國會議合作。由於這個國會控制著預算，故俾斯麥和這些政黨既是處於合作又是敵對狀態。這些政黨也此消彼長，帝國的大政黨有：⑴保守黨（包括忠於俾斯麥的自由保守黨）、⑵民族自由黨、⑶自由思想黨、⑷德國進步黨、⑸中央黨，和⑹社會民主黨。

2. 內政

建國後，俾斯麥的首要任務是將國內外各行其是的政策劃歸一致，在這方面成效卓著。⑴統一法律：一八七二年頒布帝國刑法法典，它是除了一八六五年由北德意志聯邦制定的商法法典外，第一部全國統一的法典。⑵統一財政：帝國諸邦幣制各異，統一完成，改革錢幣，把迄今實行的銀本位制改爲金本位制，國幣曰馬克（Mark），代替直到一八七八年還在使用的各邦貨幣。⑶統一交通、鐵路：在交通事業方面制訂一系列的法律，一八七三年設立帝國鐵道部。⑷統一郵政：設立帝國郵政部，使郵政事業適應於現代經濟發展的需要，一八七四年設立萬國郵政聯盟，辦理電話和電訊事業。⑸統一度、量、衡單位：一八七三年，聯邦關稅會議決定公尺、公升和公斤，取代迄今存在於各邦之中完全不相同的度、量、衡標準。(6)統一軍政：帝國政府以法國賠款加強軍事設備，諸如增設海防、修築砲臺、充實武器，並訂軍事撫卹制度。

今日德國的社會福利保障制度應歸功於俾斯麥，他先後制定各種社會法，比如法律規定工人的勞動時間、工資、疾病、老年、意外等的保險。一八八一年十一月十七日，俾斯麥向帝國國會宣讀他擬定的著名的皇帝「詔書」，其後十年間，爲僱員訂立的各種形式的保險制度先後以法律形式記載下來。一八八三年，通過法律制定了健康保險計畫，一八八四年開始執行意外保險計畫，到一八八九年又宣布了老年退休和殘廢保險計畫。之後，帝國又於一九一一年在以上法定保險計畫基礎上重新制定了「國家保險法典」，一九二七年，威瑪共和國又補充了失業保險計畫。以上法定保險制度繼續延續到現在（二〇一五年），成爲目前德意志聯邦共和國社會保障計畫的基礎。

3. 外交

俾斯麥深知統一後的德國將一躍而成爲強國，必使歐洲的列強感到不安。「德國已心滿意足了」，俾斯麥說過這樣的話，這意味德國沒有進一步的要擴張領土的野心。他治國目標是要鞏固新建立的德意志帝國之安全。由於普魯士德國打敗當時的強國，並奪取了法國最難以割捨的亞爾薩斯及洛林兩地。法國信誓旦旦要收回這兩處失地，時時寄望國際上發生危機，它好趁機收復失土。俾斯麥深知法國人的復仇願望對德國的威脅太大了，另外如果法國和俄國聯盟，德國必陷入東（俄國）、西（法國）兩面作戰的危險。因此孤立法國成爲俾斯麥外交政策的最主要原則。所以他要與俄國維持良好的關係。爲了維護德意志帝國的安全，俾斯麥與歐洲國家達成了很多錯綜複雜的合作與聯盟，簽訂了許多國際協定。

俄國和奧地利由於在巴爾幹半島上的競爭結下樑子，俾斯麥在這兩個帝國中充當調人，經由他的努力，俄國和奧地利逐漸靠近。於是一八七二年德、奧、俄三國的皇帝在柏林見面，簽定「三皇協定」。「三皇協定」在幾年之後，由於俄國介入巴爾幹半島的衝突而告破裂。俄國勢力在巴爾幹的驚人增長，使英國在黑海和地中海的霸權受到威脅，奧、匈帝國的疆域被聽命於俄國的斯拉夫人包圍了大半，這緊張的情形使局勢瀕臨戰爭邊緣。一八七八年六月至七月，德國邀請列強到柏林開會，因爲德國對巴爾幹不感興趣，俾斯麥允諾以「歐洲公正人」的身分，公平地處理當事國的爭端，避免英、俄及奧引發一場戰爭；俾斯麥個人的聲望於柏林會議時達於顛峰。故人稱他爲「歐洲的國務卿」。照當時情形看來，歐洲各國雖然沒有無條件的信任他，但各國元首都表示尊重這位德國強而有力的政治家。當時一位英國外交家評論：「歐洲在他的強力和善意領導下感到穩定。」俾斯麥當時名震天下，連東方的政治家日本明治維新的大功臣大久保（おおくぼ，號稱東方的俾斯麥）及清朝的李鴻章都曾飄洋過海向他請益。一八九六年六月，李鴻章出訪德國，受到德皇威廉二世的隆重禮待。

柏林會議之後，一八七九年十月七日，俾斯麥和奧國簽署「兩國防禦同盟」以對抗俄國。條約中規定一旦締約國之一受到俄國攻擊，另一締約國應幫忙對俄作戰。如果締約國之一方受到其他國家的攻擊，另一締約國應守善意中立。這項兩國的防禦同盟在德國和奧地利獲得極高評價，咸認是完成了一部分一八四八至四九年兩個德意志欲密切聯繫的理念[9]，這項防禦期滿後一直延長到第一次世界大戰。德、奧同盟對俾斯麥而言還不夠安全，因他始終認爲泛斯拉夫主義的俄國和復仇主義的法國一旦締結同盟，將是德國揮之不去的最大夢魘，因此他於一八八一年祕密地與俄國簽訂一項爲期三年的中立條約。並且再度拉攏奧國和俄國簽訂新的「三皇協定」。但他仍憂慮德、奧、俄三國之間的祕密協定仍不足以鞏固德國西邊（指法國）的安全，一八八二年俾斯麥趁義大利和法國爲了突尼西亞（Tunesien）殖民地起了爭執，拉攏義大利及奧國訂立「三國同盟」。一八八三年巴爾幹半島又重新騷動不安，奧地利和羅馬尼亞締約結盟，德國後來也簽字參加。但是一八八五年又爆發了一場新的危機，導致俄、奧之間的緊張關係，雖然俾斯麥運用其影響力成功地阻止戰爭的發生，但是俄國卻為此與奧國結怨，連帶地也怪罪德國。長久以來，俄羅斯民族主義分子懷恨德國在巴爾幹問題上偏袒奧地利，而要求俄國與法國友好，這下俾斯麥大為緊張，他最大的隱憂似乎又將成為事實，但是沙皇政府不大願意和柏林斷絕關係，俾斯麥也深知和沙皇達成諒解的必要性，於是在奧國的同意下，一八八七年六月十八日，他祕密地與俄國簽訂「雙重保障條約」，兩國承諾：締約國的一方遭到第三國的攻擊時，另一方必須保持中立。綜觀俾斯麥的外交政策係以敏銳地觀察並了解錯綜複雜的政治生態，配合他高明的外交手段，運用聯盟政策，使德國能在英、俄、法強國之間保持堅強、屹立不搖的地位。他執行政策時，並沒有固定的路線，他常有各種政治目標及策略，並以現實主義者的銳利目光去觀察及決定在何時應運用何種策略的。

4. 殖民政策

俾斯麥主政的二十年，注意維持統一，而未欲拓展版圖。他曾說過「德國於願足矣」。自取得法國富裕的亞爾薩斯、洛林兩地後，帝國領土已不需要向外擴張。他掌政的措施，對內修養生聚，培植國本，對外採取和平政策，保持與歐洲各國維持均勢，與英親善，聯合奧、俄、義，孤立法國。他之所以拒絕殖民政策，也是有他的想法，如果取得海外的土地，鞭長莫及，一旦發生爭執，帝國政府恐怕未能善盡保護之職；另外由於外交政策的危險性，很可能與老牌的殖民地主國英國或法國起衝突，德國免不了要陷入糾紛爭執，故前瞻後慮的考量，不宜推展殖民地，直到擔任首相的最後幾年，他才以極其克制的態度開始推行殖民政策。德國雖起步較晚，但成績不錯，一八八三年首先將非洲西南部的安格拉——佩奎那港口（Angra Pequena）及其腹地納入帝國保護下，這意味著德國開始正式實施殖民地政策。同年，在今天的納米比亞（Namibia）、多哥（Togo）和卡麥隆（Kamerun）升起德國的國旗。一八八五年，東非洲中心地區納入帝國的保護下。一八八七年，再獲得其他一些地區，一八八九至一八九〇年，俾斯麥和烏干達（Uganda）簽訂一項保護條約。以後德國在非洲陸陸續續又獲得幾內亞（Guinea）東南部的土地，在太平洋又獲得馬紹爾群島（Marshall-Inseln）。

賞識俾斯麥的老王威廉一世於一八八八年逝世，由已重病纏身的兒子佛利德利希三世繼位，在位僅九十九天，俗稱他爲「百日皇帝」。皇位仍於一八八八年傳給他的兒子，當時年僅二十九歲的威廉二世（Wilhelm II.，一八五九至一九四一年），他是德國皇朝最後一位皇帝，從一八八八年即位，到一九一八年第一次世界大戰結束爲止期間執政。他好大喜功、性格相當自負，閱歷不深，又缺乏謀略，愛好權力，對於性格堅強、桀驁不馴的俾斯麥，他始終抱有被迫害的妄想病態心理，急於斥退這位三朝元老的宰相。新王即位後，雖然大致上仍採用俾斯麥的政策，但意見時與俾斯麥相左。威廉二世不喜歡這位政治經驗豐富、善於弄權又專橫的首相。帝相衝突逐漸公開化，在帝國議會的社會民主黨席次增加，俾斯麥失去多數。一八九〇年，俾斯麥極爲重視的德、俄「雙重保障條約」到期，他極力試圖延長；不過，威廉二世不同意，俾斯麥遂於一八九〇年三月十八日向皇帝遞出辭呈，正式退隱。當俾斯麥辭職一事公布後，德國國內及歐洲各國都相當震驚，褒揚及貶低之詞紛紛出籠，莫衷一是，可見他是一位極具爭議性的人物。英國報紙有一大幅的諷刺畫，標題爲「掌舵者」走了，最爲傳神，畫著在一艘大軍艦的甲板上，著皇帝服、戴帝冠的威廉二世目送穿著艦長制服的俾斯麥步下樓梯離去。這似乎也意味著德意志這一艘大船更換了一個掌舵人，航向未知處。

俾斯麥身材魁梧、霸道的獨斷獨行風格，往往給人一種窮兵黷武的好戰分子印象。一方面說他是德國這個國家的創造者，另一方面則認爲他是德意志軍國主義和帝國主義的開路先鋒。今天以公正客觀的態度來評論俾斯麥的功過：史家謂他乃歐洲及世界唯一放棄擴張勢力的政治家，一心一德的爲和平努力是他最大的政治成就。德國參謀總部曾多次強迫俾斯麥對法國或俄國進行預防戰爭。但他堅決表示，倘如他任宰相，還在位一天的話，德國永不進行預防戰。後繼的執政者威廉二世及希特勒都不看重這位宰相的治國理念，極欲擴張德國的領土及勢力範圍，尤其是希特勒征服全世界的野心及其手段令人毛骨悚然。上世紀，德國導至人類史上生靈塗炭的第一及第二次世界大戰，二戰之後更使德國分裂長達四十五年之久才再重新統一。今天重新審視這一段歷史，批判俾斯麥，他的政治成就是巨大的、空前的，他以鐵血主義掃除內部的阻力及戰勝外國而統一德國，並於二十年內使德國成爲歐洲中心力量。他多多少少雖有錯誤，但仍不失爲德國歷史上最偉大的政治家。直到今日爲止，評判德國歷史上的政治人物，他是唯一由他特殊的性格來決定現實的政治，有限度及自知適可而止的；因爲在政治方面做決定的片刻時，他很成功的把權力欲望和道德責任融合在一起，這裡就是他永存的偉大，因此，他能流芳百世。

三、奧地利與德意志的糾葛

奧地利（Österreich）這個與德國同文同種的國家，在查理曼帝國時代被命名爲奧斯特馬克（東部地區），十二世紀形成獨立的公國。舊名奧斯特馬克是將古高地德語奧斯特（Ost，東之意）和馬克（Mark，邊境，邊區之意）拼合而成的地名，其意爲位在日耳曼德國東部的一個邊疆地區。新公國被稱爲奧斯特亞，是將奧斯特馬克轉化爲拉丁語而成的。現在的奧地利共和國（Republik Österreich）繼承了這個古地名，但採用的是英語讀音（Austria）。而奧地利所使用的德語國名，則在舊名奧斯特Ost 後接上 Reich（帝國，王國或某某之國的意思），稱作 Österreich，但將 O 變元音爲Ö，即「東方之國」。

哈布斯堡家族與奧地利的歷史、文化有極密切的關係。如前所述（第二四頁起），十三世紀後半葉被擁立爲王的哈布斯堡家族之魯道夫，是這個家族中第一位擔任德意志民族神聖羅馬帝國的皇帝，同時也是這個家族邁向飛黃騰達的第一步。此家族從十三世紀開始，約有七個世紀之久，一直位居奧地利的君王，直到一八〇六年被拿破崙摘下帝國的皇冠。家族最後的一位君主卡爾一世（Karl I.，一八七七至一九二二年）仍襲奧匈帝國的稱號，於第一次世界大戰結束那年，一九一八年正式退位，現今同族人仍住在瑞士。

費迪南一世由於婚姻的關係，身兼波梅爾（英譯波希米亞）與匈牙利（Ungarn）兩王位，因爲匈牙利國土的東半部已經淪爲土耳其（Türkei）的占領區，所以成爲抵禦土耳其的最前線。三十年宗教戰爭後，法王路易十四（Ludwig XIV.，一六三八至一七一五年，一六四三年即位）根據條約獲得亞爾薩斯等哈布斯堡諸領地，而得以漸漸強大，並與土耳其聯盟，由東、西兩面威脅哈布斯堡。奧地利與奧圖曼大帝國緊鄰，在利奧波德一世（Leopold I.，一六四〇至一七〇五年，一六五八年即帝位）統治下，維也納二次爲鄂圖曼土耳其軍隊所包圍，第一次，於一六六四年和蘇丹（Sultan）訂立一個停戰二十年的協議。第二次（一六八三至九九年）幸賴一位傑出的將軍薩伏伊公國（Savoyen-Carignan）的尤根王子（Prinz Eugen，一六六三至一七三六年）方解圍。卡爾六世（Karl VI.，一七一一至一七四〇年在位）時代，西班牙的領地尼德蘭、米蘭、那不勒斯、薩丁尼亞都納入其版圖。至此，哈布斯家族與法國的波旁王朝並列爲歐洲最強的王族，擁有廣大的版圖。

卡爾六世膝下無子嗣，因此在一七四〇年死後，根據一七一三年公布的「國本詔書」（Pragmatische Sanktion），明載他的女兒瑪莉亞・泰蕾西亞（Maria Theresia，一七四〇至一七八〇年在位）之繼承權。但是輕視女皇的各國（如法國、波蘭、西班牙及一些日耳曼的國家）均覬覦奧地利領土，比如巴伐利亞及薩克森皆根據各種理由要求哈布斯堡王族之土地。普魯士的佛利德利希大帝（Friedrich der Große，一七一二年生，一七四〇至一七八六年在位）首先發難，他以承認泰蕾西亞的繼承權及支持她丈夫法蘭茲一世[10]（Franz I.，一七〇八至一七六五年）的皇帝選舉，換取編織、亞麻工業和煤、鐵礦蘊藏量豐富的斯雷西恩[11]爲條件，因爲泰蕾西亞不願放棄這塊對奧地利非常重要的地區，於是佛利德利希大帝於一七四〇至一七四八年發動進攻，史稱「奧地利皇位繼承戰爭」，這場戰爭可說是世界性的戰爭，因爲歐洲的國家，如西班牙、法國與巴伐利亞等諸侯國、荷蘭、英國紛紛選邊投入戰場。泰蕾西亞無力再戰，遂割讓西里西亞這塊沃土給普魯士，她雖失去這塊沃土，仍保有她的王位及繼承自哈布斯堡王族所屬的其他一切土地，並且佛蘭茲一世的神聖羅馬帝國地位因此更加鞏固確立。法國一無所獲，英國也只不過保持以前所征服的土地。但至一七四八年的和平只是暫時的，佛利德利希大帝在短短的幾年內將常備軍擴充到二十萬，使普魯士成爲歐洲的強國之一。普魯士和奧地利兩強爭雄的格局日趨明顯，他們加緊裝備軍隊，尋找同盟國支持，這種對立狀態一直延續著，主宰著中歐下一個世紀內政與外交的政策。

泰蕾西亞去逝後，其子約瑟夫二世（Joseph II.，一七六五至一七九〇年）繼位，他崇拜伏爾泰（Voltaire，一六九四至一七七八年）及盧梭（Rousseau，一七一二至一七七八年），並將「自由」、「平等」與「寬容」列爲他要確立的原則，所以致力於非天主教徒之寬容及農奴解放等種種啓蒙主義式改革，但是他那種無視於現狀且操之過急的改革失敗了。爲了統一包含匈牙利等東歐的全部領地，使之成爲單一的國家，所以無視於各區的特殊狀況，強制使用德意志語言，大膽的實行其劃一主義，同時徹底的行使中央集權政策。隨著拿破崙的失敗，法蘭茲二世雖沒能再戴上德意志民族神聖羅馬帝國的皇冠，但奧地利在以要復興戰亂中歐洲爲目的而召開的維也納會議，與歐洲五強達成協議，改變德意志地區的面貌，成立一個新的「日耳曼邦聯」政治集團，由奧地利來領導。在提倡復辟的維也納會議後，梅特涅大力壓抑自由主義與民族主義。但是反對這反動政治的情緒卻愈加高昂，隨著一八四八年法國二月革命的暴發，奧地利在三月間也發生維也納大學生和勞工示威活動，要求出版自由、建立陪審制度、監督國家財政和制定憲法，並要求梅特涅下臺，示威演變成街壘戰。

梅特涅逃亡到英國。奧地利皇帝裴迪南一世（Ferdinand I.，一八三五至四八年在位）被迫屈服，允諾制定憲法，於四月頒布欽定憲法，承認兩院制議會。與此同時，由奧地利統治的各民族也紛紛發難，義大利舉行起義、捷克人在布拉格召開會議，討論脫離奧地利，克羅埃西亞人致力於建國，匈牙利要求制定憲法、宣布自治，由許多民族組成的奧地利王朝面臨分崩離析的困境。

一八六六年，普、奧戰爭失敗，割讓威尼斯給義大利，退出解體的日耳曼邦聯。無法實現大德意志主義的奧地利，透過國內體制的改造，勢必要及時挽救在異族反抗勢力衝擊下搖搖欲墜的國家，所以一八六七年奧地利同匈牙利合併成爲「奧匈帝國」，想藉以與匈牙利的妥協來對付斯拉夫民族之入侵。奧地利皇帝法蘭茲・約瑟夫（Franz Joseph，一八四八至一九一六年）身兼匈牙利王及其外交、財政、軍事首長。奧地利自奧、匈雙重帝國成立後，即不斷地爲境內南斯拉夫民族問題而苦惱。境內的捷克人由於民族資本主義急速發展，使獨立運動更加積極；另一方面，南斯拉夫民族的克羅埃西亞人與一九〇三年以來脫離哈布斯堡家族控制的塞爾維亞（Serbien）人，皆共同燃起民族意識，展開民族運動。一九〇八年土耳其發生青年土耳其黨的革命運動，奧地利乘機合併波士尼亞和赫賽哥維納二州，因此招致支持塞爾維亞與匈牙利汎斯拉夫主義的俄國之反感。一九一四年六月二十八日，奧國皇位繼承人裴迪南（Franz Ferdinand，一八六三至一九一四年）於訪問波士尼亞時，在其首府塞拉耶佛（Sarajewo）被塞爾維亞的民粹分子槍殺，正式揭開了第一次世界大戰。一九一八年由於第一次世界大戰戰敗，十月三十一日匈牙利脫離奧地利，根據一九一九年聖日耳曼條約（Saint-Germain-en-Laye）奧匈帝國終於正式解體。匈牙利、捷克斯拉夫也各自獨立；同時亦割地給波蘭、羅馬尼亞、南斯拉夫。此時奧地利的領土與中世紀後期在哈布斯堡家族支配下奧地利的小領地不相上下。一九一八年十一月十二日，奧地利宣布成立共和國。

一九三八年三月十三日，希特勒（Adolf Hitler，一八八九至一九四五年）率領軍隊光榮地回到他在奧地利的故鄉林次（Linz，希特勒在此地待至一九〇七年，其母逝世爲止）[12]。一九三八年三月十四日，「德、奧合併法」生效。納粹的宣傳機構周知全世界：領袖把東邊的省分帶進帝國版圖了！許多人夢想的「大德意志帝國」終於實現了。在第二次世界大戰中，奧地利作爲德國的一部分參戰。一九四五年，法西斯德國戰敗，德、奧全境由美、英、蘇、法四國分區占領。

一九五五年五月十五日，四個占領國與奧地利簽約，宣布尊重奧地利的主權和獨立，於一九三八年以前的國境內重建奧地利共和國；在政治與經濟革新下，不得與德國掛勾，十月二十五日，四國占領軍全部撤出奧地利。十月二十六日，奧地利國民議會通過憲法法律，對外宣布永世中立，不參加任何軍事同盟，不允許在其領土上設立外國軍事基地。而且爲了防衛其中立，於同年施行徵兵制，並且也加入聯合國。此後，奧地利規定十月二十六日爲國慶日。一九六〇年加入歐洲議會，外交政策方面，奧地利嚴守中立。一九七二年和歐洲共同體（EG）簽訂商業合約，自一九七七年以來和歐洲共同體的國家實行自由貿易，除此之外，亦加入歐洲貨幣系統（EWS），目前也爲歐盟（EU）成員國之一。

四、神射手威廉・泰爾與瑞士的建國

瑞士以其精密的鐘錶及美麗的湖光山色聞名於世。它是中歐的內陸國，地處三個國家的交界處，北邊與德國爲鄰（德語區）、東北邊與奧地利、東邊與利希頓斯坦恩[13]爲鄰、東南邊與義大利、南邊與法國爲鄰。有百分之六十三・九的民眾說德語，百分之十九・二的人說法語，百分之七・六的人說義大利語。百分之零・六的人所說的雷托羅曼尼語（rätoromanisch）於一九三八年被列爲第四個國語。

瑞士位於歐洲中部內陸，西元前五十八年，中西部被凱撒劃入羅馬帝國的版圖。日耳曼民族大遷徙時期，這裡曾有許多日耳曼部族在此生息。四九七年阿雷曼（Alemannien）、五三四年布根地（Burgund）、五三九年雷托（Rätien）及七七三至七七四年倫巴底（Lombardei）各被劃入法蘭克（Franken）帝國的版圖。西元十一世紀時，瑞士處於德意志民族神聖羅馬帝國的統治下。在十三世紀時，奧地利哈布斯堡王族入侵，瑞士的城市和山谷地區的人民團結起來，於一二九一年八月一日，分別組成三群同盟（聯邦），第一群爲以布根地區域爲根據地的伯恩（Bern）及佛萊堡（Freiburg）兩城市，第二群由蘇黎世（Zürich）和環繞在波登湖的一些城市組成同盟。第三群爲一個處在森林地的同盟，裡面有名爲「施維茨」（Schwyz）、烏里（Uri）及下瓦爾登（Unterwalden）三個共同體，他們決定結成永久同盟，自稱爲「邦聯成員」或「邦聯」。在邦聯裡，以施維茨的力量最雄厚，最積極亦最有力地反抗侵略。「施維茨」意爲「畜牧業」或「乳品業」，因爲自古以來此地便以乳牛飼養著稱，故以此命名。同盟成立後，決定以最強大的成員施維茨的名字命名（德文爲Schweiz），稱爲瑞士（音譯名來自英文的 Swiss），這即是瑞士國名的由來，也就是瑞士國家的雛形。因此八月一日被視爲瑞士建國之始，也被規定爲瑞士的國慶日。

瑞士的三組同盟逐漸擴大，先聯合了說德語的各州，後南部說法語、東南部說義大利語和介於義大利及法國之間說雷托羅曼尼語的瑞士人都陸續加入這些邦聯。瑞士人團結抗暴、起義、爭取獨立自由可歌可泣的故事，以德國劇作家席勒（F. Schiller，一七五九至一八〇五年）擇取神射手威廉・泰爾爲名的同名劇本（一八〇四年）最爲耳熟能詳了。背景是十四世紀奧地利哈布斯堡王朝統治下的瑞士。泰爾是名安分守己的獵人，他原先只想規規矩矩的過日子，不去管跟他不相十的事，也不敢去得罪統治者。起先他也不參加由農民、獵人和牧人組成的推翻暴政的宣誓大會；直到有一天，他和兒子經過奧地利總督蓋斯勒（H. Geßler）的轄地時，他忘了向掛在木桿上的總督帽子行禮，蓋斯勒因聽聞泰爾箭術出眾，故意懲罰他用箭射擊置於其子頭上的蘋果。泰爾起先不從，因爲總督出了這一道難題，是要泰爾射遠在幾百步之外頂在兒子頭上的蘋果，他的兒子很有自信，鼓勵其父接受挑戰，泰爾勉爲其難的從他的箭筒抽出兩支箭，展現百步穿楊的精湛技藝，博得叫好聲，更激怒了蓋斯勒。他詰問泰爾爲何拿出兩支箭，泰爾答以要是第一支箭射死了自己的兒子，那麼第二支箭就會射向總督。蓋斯勒大怒，命令士兵把泰爾抓起來關進監牢裡。當他看到蓋斯勒蹂躪手無寸鐵的百姓，一幕幕非人道的行爲接著發生時，泰爾才慢慢激起抗暴的決心。趁著被押送的船遇到風暴，跳上岸逃走；在被追捕時，他用箭射死了殘暴的蓋斯勒。這一箭成了瑞士人民起義的信號，各地區的人民相繼起義，紛紛趕走了奧地利的軍隊和總督。

本劇雖是以《威廉・泰爾》爲劇名，乍看之下，以爲泰爾是主角，其實劇中眞正的主角是人民，是追求獨立、自由和統一的人民。席勒一直不遺餘力在他的劇作中表白他要求祖國（即德意志）統一的願望。從魯特利山谷牧場宣誓（Rütlischwur）[14]這一幕著名的臺詞不難看出詩人憂國憂民，渴望有一個統一的民族國家。義正辭嚴，慷慨激昂，讓人聽了熱血沸騰的宣誓如下：

我們眾兄弟是一個民族，
困厄和危險不會將我們分開。
我們要和我們的祖先一樣自由，
寧願死，也不願像奴隸一般的賴活。
我們要相信至高無上的上帝
我們不畏懼人的惡勢力。

威廉・泰爾是瑞士的民族英雄，也是一個傳奇的人物，他成功地射殺了令人憎恨的暴君，點燃了瑞士人民紛紛起來反抗奧地利的統治。十六世紀開始就已經有上演關於威廉・泰爾的戲劇，一七三四年，由瑞士政治家和歷史家秋狄（Aegidius Tschudi，一五〇五至一五七二年）寫的《瑞士編年史》（*Chronicon Helveticum*）被出版，連同瑞士歷史學家米勒（Johannes von Müller，一七五二至一八〇九年）五冊的著作《瑞士聯盟史》（*Geschichten der schweizer. Eidgenossenschaft*）成爲席勒撰寫《威廉・泰爾》的藍本。泰爾的家鄉布格倫（Bürglen）在烏里州，人口只有三千六百人。此地的觀光景點有泰爾博物館、早期巴洛克教堂（一六八二至一六八五年），一五八二年設立了晚期哥德式的泰爾小教堂。每年在伯恩州的英特拉肯市（Interlaken）皆上演《威廉・泰爾》這齣戲。威廉・泰爾在瑞士人的心目中受尊敬及歡迎的程度可見一斑。

一六四八年，三十年宗教戰爭結束後所簽訂的威斯特裴里亞和約，瑞士擺脫了德意志民族神聖羅馬帝國的統治，正式脫離德意志聯盟，獲得了獨立，但是瑞士在語言上仍然使用德語，日後文化的發展也與德國息息相關。在一八一五年的維也納會議裡，瑞士獲得了瓦利斯（Wallis）、諾英堡（Neuenburg）和日內瓦（Genf）三個州，並且宣誓永遠保持中立。一八四八年制定全國憲法，設立聯邦委員會，從此瑞士成為統一的聯邦制國家，在兩次世界大戰均保持中立。一八六三年瑞士成立「紅十字會」（Rotes Kreuz），此人道組織廣獲世界認同，各國皆紛紛效法也設立此種救濟組織。

紅十字會由瑞士慈善家及作家亨利・杜南（Henri Dunant，一八二八至一九一〇年）所創。一八五九年爆發了義大利、法國聯軍對抗奧地利的「索爾費里諾戰役」（Solferino）。雙方傷亡慘重，斷臂殘肢的傷兵在死屍和腥臭的血汙中掙扎呼救，無人過問。這一悲慘的景象被杜南所見。一八六二年，他根據記憶寫了《索爾費里諾回憶錄》，以人道主義的精神，向世界呼籲成立一個戰地傷兵的救濟組織。一八六四年日內瓦有個公益組織立刻響應，來自十二個國家的代表在日內瓦開會，規定交戰雙方承認醫院和醫務人員的中立，傷病員不分國籍皆可得到治療的權利。傷兵救護國際委員會並以白底紅十字爲標誌，表示向首先發起和全力支持該組織的瑞士致意。一八八○年該組織改稱爲「紅十字國際委員會」，杜南於一九○一年和法國的國民經濟學家兼政治家帕西（F. Passy）共同獲得第一屆的諾貝爾和平獎。

舉世公認中歐小國瑞士爲「樂園之國」。是世人嚮往的宜居地。它的地形多山脈，全國地勢有一半以上高於一千公尺，築有三百八十個鐵路及公路隧道；水利資源豐富，雖無礦產，但其經濟成就卻舉世無雙。瑞士特產不只有巧克力，技術佳及設計精美的錶、製藥業、各種特殊機器及金融財政服務業，更有那名聞遐爾的瑞士刀，這個自一八九一年第一種款式的瑞士刀問世以來，到今天已經發展出約三百五十種款式，比如給童子軍、太空人、高爾夫球員或方便於女用皮包攜帶的瑞士刀等等。其實瑞士根本不是一個「標準的（正規的）」國家。在紅底白十字的護照上寫的是瑞士聯邦（拉丁文是Confoederatio Helvetica），所以瑞士簡稱CH。聯邦由二十三個州和三個具半州性質的州組成，每一個聯邦有一個自己的議會並擁有很多權限。大部分的瑞士人都認同自己的州和自己所屬的自治區。

瑞士的湖光山色美不勝收，是一般人度假的首選。在義大利區的格勞本登州（Graubünden）有一百五十個山谷區，也是一個爲人喜愛的度假勝地。此地的一些山谷區說義大利語，在原住民地區則說雷托羅曼尼語，人煙罕至的山區有稀有動植物。此地區廣爲人知源自於女作家施皮利（Johanna Spyri，一八二七至一九〇一年）的一部敘述作品《海蒂》（*Heidi*）。她以充滿感情的方式描述有「治癒」療效的山區生活和城市文明生活的對比，並以教育的方式，闡明遵行虔誠的信心，與大自然合而爲一，可以克服困難。故事中，天眞無邪的鄉村女孩治療不良於行的都市富家千金的過程描寫感人肺腑。此作品也被拍成電影，也有日本以卡通製作的方式呈現清新可愛的海蒂形象，深入人心。

五、「最後一課」——從冤冤相報到精誠合作

誰能想像得出優雅浪漫的法國人和嚴肅不苟言笑的德國人有共同的老祖宗。兩個國家的開國元老本是查理曼大帝的孫子，後來三位孫子（另一位爲據義大利的長孫）三分天下，分道揚鑣。西法蘭克王國日後衍變爲今日的法國，東法蘭克王國日後衍變爲今日的德國（見「從有名無實的統一國家到眞正的統一國家」，第一八頁）。這兩個有共同血源，本是如脣齒相依的相鄰國家，卻不能夠和平相處。德、法之間在歷史上曾發生過多次戰爭，互有勝敗；因此，兩國邊界的地區及城市經常易幟，戰勝者往往以某種特殊的方式來羞辱戰敗國。又當另一次戰爭結束後，勝敗國互相對調，輪到新的戰勝者以同樣的方式來凌遲對方了，這即是冤冤相報，以牙還牙，沒完沒了。攤開德、法歷史，這種風水輪流轉的事例倒眞是不勝枚舉。

德、法邊界相鄰的地區亞爾薩斯是一塊富饒的農業區，紀元前五—八年被凱撒從克爾特人（Kelten，西歐的印度日耳曼族之一）手中搶過來，劃入日耳曼尼亞（Germania）領域裡，二百六十年被另一支日耳曼族阿雷曼人（Alemannen）占據。四九六年，有部分土地被法蘭克人占據。自從八百七十年起成爲東法蘭克的領土。

一一三五年被哈布斯堡戍守邊疆的伯爵占領。一六四八年，根據三十年宗教戰爭的和平條約，將亞爾薩斯十個帝國城市劃歸法國，然而在一六九七年法國將大部分亞爾薩斯併吞（包括一六八一年的斯特拉斯堡（*Straßburg*），一六八二年斯特拉斯堡成爲亞爾薩斯的首府。）一八七一年，德國統一戰爭的第三場聖戰，戰勝了法國，因此將亞爾薩斯及另一個富庶的省分洛林，（其首府是南錫（Nancy））合併爲一區。一直到一九一八年第一次世界大戰，德國戰敗，這兩區省分又歸還法國。第二次世界大戰時，一九四〇至四四年間又淪落被希特勒占領。二次大戰後，德國戰敗，再一次被歸還法國。

一八七〇年，普魯士戰勝了法國，侵占凡爾賽宮，竟然把這座富麗堂皇的藝術宮殿當作傷兵營，到處都是傷兵的血污和擔架。充滿了腐臭氣味，遍地狼籍不堪。更過分的是在凡爾賽宮的鏡廳舉行德皇威廉一世的加冕典禮，這不僅是作賤藝術，更是對藝術極大的褻瀆，對法國人來說，爲是可忍，孰不可忍的極大侮辱。有關普魯士德國和法國的嫌隙、糾葛、冤冤相報的輪迴恩怨，以法國的兩位著名文學家都德（Alphonse Daudet，一八四〇至一八九七年）及莫伯桑（Guy de Maupassant，一八五〇至一八九〇年）[15]的作品最爲膾炙人口，因爲他們兩人同樣經歷普、法戰爭，尤其兩人更於一八七〇年普、法戰爭爆發時入伍。他們兩人的短篇作品大部分以普、法戰爭爲背景，寫來絲絲入扣，其作品散發著人性的光芒，令人閱讀後倍覺溫馨，但也激發舉國上下敵愾同仇之心。凡是四十到五十年代的莘莘學子，大都會在國文課本讀過胡適早期翻譯的都德名作〈最後一課〉和〈柏林之圍〉，這二篇作品於一八七三年三月被收入短篇集《星期一故事集》（*Les contes du lundi*）裡。這裡大致敘述這二篇令人感動的作品如下。

〈最後一課〉副標題為〈亞爾薩斯一個少年的故事〉。是以一個功課不太好，叫法蘭茲的少年以第一人稱的敘述，娓娓道來亡國恨的悲哀惆悵：

那一天「我」又遲到了，急忙穿過原野趕到學校去，平常總是鬧烘烘的教室，今天卻顯得分外安靜。我深怕會挨老師罵，提心吊膽地走進教室，但亞梅爾老師很溫和地叫我趕快坐下來。我忽然發現老師身穿只有節日時才穿的大禮服，更令我吃驚的是村民一言不發坐在教室後面的椅子上。

老師走上講臺說今天是他的最後一課，柏林那邊來了命令，從明天起，割讓給普魯士的亞爾薩斯和洛林兩省只能教德文，不准在課堂教法文。我這才終於明白為什麼老師會穿大禮服，村民會坐在教室裡。老師叫我回答問題，我回答不出來，但老師並沒有罵我，反而很慈祥地對我說：「法蘭茲，我不會罵你，因為你應該已經充分受到懲罰了……噢！總是把教育延到明天，是我們亞爾薩斯最大的不幸。……在這件事情上，並不能完全怪你，我們也都有必須反省、自責的地方。」

接著亞梅爾老師長篇大論說明法文的優點。他說法文是全世界最優美、最明確、最嚴謹的語言，一個民族即使成為奴隸，只要保持自己國家的語言，就像掌握監獄的鑰匙似的，所以民族之間必須守住自己的語言，絕對不可忘記。

教堂的大鐘突然敲響十二點，接著禱告的鐘聲響起來。操練歸來的普魯士士兵的喇叭在教室窗戶下面迴響著……亞梅爾老師面色慘白站在講臺上。我從來沒有看過這樣高大的他。

「各位同學，」他說，「各位同學，我……我……」

有什麼東西堵住他的喉嚨。他無法把話說出來。

他轉向黑板，拿起粉筆，使出渾身的力氣，寫出斗大的幾個字：

「法蘭西萬歲！」

他頭抵住牆壁，動也不動。隨後一言不發，做了個手勢向我們表示：「下課了……回去吧！」【16】

〈柏林之圍〉這篇也是都德早年就由胡適翻譯而選入國文課本的一篇名作。此作亦取材普、法戰爭，描寫拿破崙帝國時代的一個老軍人，戰爭一開始，他就搬到巴黎一個有陽臺的房間。這個魁梧的老軍人，中風臥病，由孫女在照顧他，法國在戰場上節節敗退，孫女知道祖父關心每一次戰役的戰況，這個勇敢的小姑娘只好每天爲他編造戰報，日夜伏在那張德國地圖上，把一些小旗插來插去——努力編造輝煌的戰役「是的，爺爺知道……眞是個好消息！開始包圍攻擊柏林了。」後來又如何圓謊呢？眞相總是要被拆穿的。都德這樣寫著：

一天夜裡我去時，那個孫女驚惶失措地向我走過來說：

「明天就進城了！」

祖父的房門是否開著呢？總之，事後回想起來，那天晚上他的神情非比尋常，或許他聽到我們的談話。我們談的是普魯士軍，但老人以為是法軍，是他早就引頸翹望的凱旋。……

可憐的朱維上校！他一定以為我們怕他過度激動，所以不讓他看法軍的凱旋閱兵典禮，因此，他小心翼翼，什麼也不說。第二天，普魯士軍的大隊人馬忐忑不安從邁約城門朝通往蘇琉璃宮的路上前進時，樓上的窗戶悄悄打開了，上校出現在陽臺上。戴著軍盔，佩掛長軍刀，昔日米約麾下的老騎兵光榮而古老的軍裝，全都穿戴整齊。直到現在我也還是無法理解，究竟是怎樣一種毅力，怎樣高昂的生命力，讓他能夠起身，穿上軍裝的呢？總之，可以確定的是，他站在扶手欄桿後面，看到每一條大街都空空蕩蕩、悄無聲息，家家戶戶的百葉窗都緊閉，整個巴黎就像巨大的檢疫所般陰森森，到處雖然旗海飄揚，不過那卻是奇妙的白底紅十字旗幟（按：普魯士旗子）竟沒有一個人去迎接法軍而吃驚。

霎時之間，他以為自己是不是看錯了……

然而他並沒有看錯！……以及佩劍咔嚓響聲的舒伯特《勝利進行曲》！……

這時候，傳來可怕的吶喊聲，打破廣場上的陰森森的沉默：

「快拿武器！……快拿武器！普魯士軍來了。」

擔任普魯士軍前鋒的四名槍騎兵只看到對面陽臺上，一個身材高大的老人揮舞雙手，跌跌撞撞砰的一聲倒地不起。這一次，朱維上校真的死了。

第一次世界大戰德國戰敗之後，向法國洽談投降事宜。法國將會談地點設在法國城市貢比涅（Compiègne）一處森林裡，在法國大元帥福煦（Ferdinand Foch，一八五一至一九二九年）的車廂內簽字。一九一八年十一月十一日那天德國代表誠惶誠恐地在那裡等候，法國代表卻姍姍來遲，還明知故問地說：「先生們，你們到這裡來幹什麼？」德國代表只得忍氣吞聲地回答：「我們想來簽投降條約。」「投降嗎？其實我們倒很想再繼續地打下去的！」法國代表盛氣凌人地說。德國代表只得承認無力繼續打下去。屈辱地簽字，完成投降事宜，現在全部的戰線正式放下武器，爲四年流血的戰爭劃下休止符。正式合約則在一九一九年簽字。不過德國人記住了這個難忘的時刻和地點。

一九一九年六月二十八日，戰勝國在巴黎舉行和會，東道主法國把會議地點安排在凡爾賽宮。這一天剛巧是奧國皇儲在塞拉耶佛遇刺的五週年，而簽約地點凡爾賽宮的鏡廳，又是一八七一年普魯士皇帝加冕及宣告德意志帝國誕生之處。德國代表最後一個進入會議廳，卑躬屈膝、低聲下氣地在這裡簽了字。合約由憎恨德國人的法國總理克里蒙梭（G. B. Clemenceau，一八四一至一九二九年）主導，他用盡一切可能的辦法，削弱宿敵以保護法國。德國人此時此刻比戰爭更深恨法國人；德、法世仇難解，歷史一再重演。法國極想報當初的一箭之仇，所以要提出更苛刻的條件，但受到英、美等國的制約。史家以客觀及非情緒化審視凡爾賽和約，評論道：如果不是第一次世界大戰懲罰德國的和約太苛刻的話，當不致有提供希特勒崛起的機會及日後的第二次世界大戰。戰勝國起先確定德國需要賠償一千三百二十億金馬克，但事實上不是如此，因爲再經過研商，戴維斯計畫（Dawes-plan）定爲七百五十億馬克，數目逐年遞增。後來楊格計畫（Young-plan）定爲每年二十億馬克，爲期五十九年，最後德國沒完全賠完，因爲希特勒一上台，即將凡爾賽和約撕毀了。故二戰之後，四個戰勝國以較理性的現實考量德國的狀況，避免重蹈覆轍。

第二次世界大戰，德國以四十天時間迫使法國投降。一九四〇年六月二十二日德國人將那節已作爲法國戰爭紀念館的車廂又搬到了貢比涅，將其恢復成原來的模樣，舉行停戰受降儀式，儀式結束後，德國人將那節車廂炸毀了，出了一口惡氣。

德、法兩國淵源流長的以眼還眼，以牙還牙的報復行爲及手段有跡可考。二戰結束至今快近七十年了，現代的人理智的思考，不能夠再這麼沒理性的意氣用事，要是再啓世界戰爭的話，以目前的科技一日千里，恐怕屆時全人類無一倖免。德、法一般被視爲土地毗鄰的歐洲兩大國，追溯幾千年前的血源，本是一家親。大概已了解「本是同根生，相煎何太急」的含義吧！二戰結束迄今，德國由四強共管，西方美、英、法三國的援助及合作，逐步接納德國，從軍事上的「北大西洋公約組織」和「歐洲防衛集團」到經濟方面的各種組織，如「歐洲煤鋼同業聯盟」、「歐洲煤鋼聯營」、「歐洲經濟共同體」、「歐洲共同體」到目前全世界最大的經濟體系「歐洲聯盟」（簡稱歐盟），德、法居於龍頭老大地位，合作無間。

六、薩爾邦人民自決歸屬

南部與法國交界的薩爾邦（Saarland），其多舛的命運與亞爾薩斯、洛林一樣，法國與德國都想將它納入自己的版圖。薩爾邦以工業爲中心，盛產煤礦，分布於斐爾克林根（Völklingen）、薩爾布律肯（Saarbrücken）、瑙依基爾新（Neunkirchen）和宏堡（Homburg）之間。因本區缺乏鐵礦，而鄰界的法國洛林地區有豐富的鐵礦，配合洛林運銷至此的鐵礦，使這四個工業城成爲熔礦爐和煉鋼廠的聚集中心。相同的，洛林省也需要薩爾區的煤礦來發展，兩區互補發展成歐洲最重要的工業區之一。

薩爾的歷史可以說是一部德、法恩恩怨怨的歷史。遠在羅馬凱撒大帝時，薩爾區隸屬羅馬帝國的一部分，當羅馬帝國衰弱時，據此的法蘭克人卻把羅馬的傳統和組織制度在此地區保留下來。查理曼大帝將薩爾邦納入其版圖，當查理曼大帝逝世後，接續的帝國也瓦解，使這地區落入洛林王國的手中，而到了九二五年又成爲東法蘭克王國的轄地。中古世紀，薩爾區被瓜分成爲好幾個小邦國，薩爾布律肯的伯爵占有最多的土地，從一三八一到一七九三年，薩爾布律肯歸屬拿騷（Nassau）王朝管轄，而成爲相當著名的拿騷—薩爾布律肯王國。從十七世紀開始，這塊土地成爲法國與德意志爭奪的目標。法王路易十四世也曾攻城掠地占領過這裡將近二十年，到了拿破崙時代（一八〇一至一八一四年），整個薩爾區和萊茵河西岸地區都屬法國管轄，而當拿破崙戰敗，第二次巴黎和平會議決定把薩爾河谷，除了一部分給了巴伐利亞（Bayern）王國外，其餘的都割讓給普魯士（Preußen）王國。

第一次世界大戰，德國是戰敗國，於是法國占領薩爾區，作爲補償法國戰後的損失。美、英反對法國吞併薩爾區，根據一九一九年的凡爾賽合約中關於「薩爾法律地位」第四十至五十款規定，將薩爾區委託國際聯盟管理十五年，並於一九二〇年生效。這種措施很明顯的表示，要把薩爾區的煤礦供法國使用，作爲法國損失的礦產之賠償。但無論如何，法國仍然較希望能把這塊二千平方公里的薩爾區納入自己的領土中。而第一位委託管理主席是法國的好戰排外主義者勞雷特（V. Rault），他的態度激起薩爾區人民反對法國人，而造成了長達一百天的大規模礦工罷工。此事件過後，這地區就成功的被國際聯盟接管了。一九三三年由於納粹的宣傳活動，大德意志民族主義思想傳播到薩爾區，喚起了人民共同反對外國的思想，於是一九三五年時，國際聯盟舉行一次全民自由且祕密的投票，來決定薩爾區日後的命運——歸還德國？歸還法國？或繼續讓國際聯盟管轄，結果德國獲得壓倒性的勝利，百分之九十強的人民都希望歸德國管，於是薩爾區又重新回歸德國的懷抱。

類似的「鳳還巢」情境在第二次世界大戰後又重演了一遍。二戰時，重工業城市都慘遭炸彈摧毀，而德國的強硬抵抗卻使自己的損毀更加慘重。一九四五年七月，薩爾區成爲法國的占領區。一九四七年十月，公民投票贊成和法國經濟聯盟，一九四七年十二月五日，憲法生效，一九四八年和法國關稅聯盟。當一九四九年德國不再受聯軍控制時，薩爾區的人民想回歸德國的心變得熱切了。一九五〇年五月十五日薩爾區成爲歐洲議會的一員，根據一九五四年法國和德國簽訂的薩爾體制，欲使薩爾加入西歐聯盟的「歐洲化」構想，即同意把薩爾地區變成一個歐洲的特別地區，在一九五五年十月二十三日被薩爾人民以三分之二多數決否決掉了。一九五五年十二月十八日的薩爾邦議會選舉，薩爾居民以壓倒性的多數票決定重歸德國。所以在一九五六年十月二十七日法、德再度簽定同意書，決定一九五七年一月一日起把薩爾區歸還德國。法國的贊同也是德－法和解的一個里程碑。薩爾的回歸條約適用前西德的「基本法」第二十三條，薩爾的先例爲一九九〇年，前東德併入前西德提供合理的法律依據。

薩爾邦係因莫塞爾河（Mosel）的支流，發源於法國的薩爾河（Saar）而得名，「薩爾」一詞也成爲冠在本邦一些大城市名字前面的一部分。本邦首府薩爾布律肯，橫跨薩爾河兩岸，城的南郊就是德、法邊界了；前半段冠上薩爾河 Saar 之名，後半段 brücken 音譯「布律肯」，在德文的意思是「橋」，意即橫跨在薩爾河上的橋，因有多座大橋，故「橋」的用詞是複數名詞，過了此橋則進入法國。薩城的歷史和薩爾邦一樣，都曾是德、法兩國多次鏖兵的戰場。第二次世界大戰中，工業重鎮的薩爾布律肯遭到猛烈轟炸，百分之九十的房屋被毀壞。直到一九五七年，薩城才與薩爾邦一起再次回歸德國的懷抱。當然兩國歷史上的殺伐征戰免不了，但是與世無爭善良的百姓則是和睦相處，友好往來。薩爾這地方在從前德、法幾百年世仇時，每因戰爭而易手，故此邦居民大多操流利的德、法語。在此可感覺到法國文化濃郁的氣氛，此地的餐館除了提供道地的德國美味外，也可品嘗法國的美酒佳餚。一九四八年在法國的幫助下，創辦了薩爾布律肯大學，以雙語授課，該校的文憑在法國也備受青睞。

七、甘迺迪激勵柏林人

世界名城柏林（Berlin）起先是一個只有兩百多人聚居的村落。然後從兩千人、兩萬人、二十萬人慢慢地發展。一四四三年柏林成爲布蘭登堡選帝侯的京城，開始興建宮室。布蘭登堡君主晉位爲普魯士國王，把柏林定爲王都。柏林成爲當時逐漸強盛的普魯士王國的都城，城市發展得很快，著名的「菩提大道」（Unter den Linden）、「布蘭登堡門」（Das Brandenburger Tor）及「選帝侯大道」（Kurfürstendamm）陸續建成，這些名勝古蹟成爲今日遊客到此一遊必須參觀的景點之一。一八七一年，在「鐵血宰相」俾斯麥的領導下，統一了德國，定都於柏林；柏林一躍而成爲德意志帝國的首都，此後更成爲德國政治、經濟、科學和文化的中心。

一九三九年，柏林已有四百萬人口。希特勒錯誤的領導使德國陷入萬劫不復、悲慘痛苦的深淵。名城柏林也由美、英、法、蘇四個戰勝國占領。世界名城四分五裂，幾十年之久，象徵著德國的分裂、東方和西方的爭執及陷入介於西方戰勝國和蘇聯的冷戰中。

冷戰時期，柏林成爲東、西方較量的場所。一九四八年曾爆發第一次「柏林危機」。起因爲西方盟國加速整合三個西占區並計劃改革貨幣，發行西馬克，接著又在柏林西占區頒布法律進行改革方案時，蘇聯認爲西方占領國在德國實行的經濟一體化違反了波茨坦協議，於是它也把占領區的舊貨幣改爲東馬克。加以倫敦的六強會議準備批准德國（前西德）加入北大西洋聯盟，在這種情況下，史達林（I. W. Stalin，一八七九至一九五三年）決心把西方盟國趕出柏林。

一九四八年六月二十四日，蘇聯封鎖柏林，將通往西柏林的鐵路和公路全面封鎖，幾天之後，連水路也一併封鎖。這樣子，柏林西區要靠柏林東區供應水的通道被阻斷了，從蘇聯占領區運送新鮮牛奶和其他食品到西柏林的通路也被截斷了。蘇聯欲用此法餓困西柏林居民，逼迫西方國家放棄他們在柏林的地位；然而，西方國家名正言順地堅持在波茨坦協定中規定的共管柏林之條款。針對蘇聯的挑釁，英、美兩國以膾炙人口的「空中橋樑」（Luftbrücke）回敬。在十一個月的封鎖中，盟軍總共出動約十九萬五千架次的飛機，將幾乎有一百五十萬噸的食物、煤礦、建築器材和其他的貨物等等空運至西柏林，幾乎平均每二到三分鐘就有一架飛機降落在三個西柏林的機場，將西柏林人日常生活必需品送到西柏林人手中。封鎖柏林是第一次冷戰的顛峰期，蘇聯的政治企圖是阻撓西德和西柏林聯成一體並傾向西方盟國。事實上，適得其反，封鎖反而讓美、英及西德在西占區更加堅固緊密地團結在一起。蘇聯終於認識到此計並不能得逞。它和美國舉行多次的祕密會議後，遂與美、英、法三強在一九四九年五月四日取得妥協，五月十二日簽訂一項合約，方結束了柏林危機。

德國俾斯麥時代、第一及第二次大戰前的首都大柏林在德國歷史裡，永遠扮演關鍵性的角色。第一次的柏林危機眞是可歌可泣，成爲舉世注目的焦點。第二次的柏林危機更是舉世譁然，其爭執點仍然是在「德國問題」上。遠因是東德爲了中歐的前途及排除列強的勢力，向西德提出一個「邦聯計畫」。並且建議兩德以「平等」做爲基礎，爲將來再統一踏出第一步。這個邦聯計畫得到蘇聯的大力支持；但在西德評估之後，認爲這是要使西德脫離與西方結盟的詭計。一九五八年十一月十日蘇聯的黨主席和政府領導人赫魯雪夫（N. S. Chruschtschow，一八九四至一九七一年）強調西方三強國沒有權力繼續駐紮在柏林。十一月二十七日他給西方列強一份最後通牒，內容要求將柏林改變成爲一個政治是獨立且統一的，並且非軍事化的和平城市；並且半年內必須協商解決柏林的問題；除此之外，蘇聯和東德政府已協商好要實際執行在柏林的最高權力，這點是西方三強必須從柏林撤軍。一九五九年六月在瑞士日內瓦舉行四強會議，兩德也被邀請與會，商討有關德國問題和歐洲安全，但這次會議並沒有討論出什麼結果來。

近因是一九六一年夏天，西方列強已向蘇聯打過招呼，要蘇聯不要干預東占區；但蘇聯見西德親西方，極思報復，對於要如何來鞏固東德的經濟狀況也找不出好的辦法來。到一九六一年爲止，逃到西德的東德人逼近二百七十萬人次，蘇聯認爲顏面盡失，所以決定由東德實行封鎖政策。一九六一年八月十三日，東、西柏林人一夜醒來，只見一堵圍牆阻隔了東、西柏林間的往來，聯絡東、西德之間的邊界被封鎖得水泄不通。同一時間，也實施極爲嚴格的檢查制度。

但這堵一夕之間在東、西柏林架起滿布地雷炸彈的醜陋圍牆，不但遏阻不了東德人逃向西柏林與西德意志，無數爭自由的逃亡者也前仆後繼挑戰這座圍牆，反而使它聲名大噪。這堵一夕之間矗立的圍牆，使白天進到東柏林工作的人晚上回不了家，一些生離死別的鏡頭比比皆是，每天隔著一條街皆可看到揮巾落淚的景象；不自由，寧可死的逃亡者更使這一道牆在德國人心中烙下痛苦的回憶，這一道漠然的牆成爲全德國人的恥辱。正當蘇聯認爲圍牆蓋好了之後，可以高枕無憂，將他們的目的及影響力擴及大柏林及東德時，卻使西方列強的主要注意力轉到保障西柏林的政治地位和安全的西柏林通道。同時西方列強也堅持他們的權利，堅持他們有權可以不受阻礙進入東占區的這一座城市，這即是第二次的柏林危機。

美國第三十五任總統甘迺迪（**John F. Kennedy**，一九一七至一九六三年）[17]即是在這背景之下，於一九六三年六月二十三至二十六日訪問西柏林。爲了振奮西柏林人，甘迺迪文情並茂的演講，著實感動了西柏林人，尤其一句：「我是一個柏林人」（**Ich bin ein Berliner.**）。使柏林人團結起來。甘迺迪全程以英文演講，只有這句「我是一個柏林人」用德文講。但這句德文卻犯了一個大錯誤。原來是柏林有一種馳名全德的圓形甜點麵包，內餡包的是甜果醬，外皮烤得鬆軟香脆並灑上細白砂糖的甜麵包叫做「**Berliner**」。剛好和「柏林人」同樣是一個寫法。按德語文法說「我是一個柏林人」時，不能也不必加上一個不定冠詞**ein**，否則翻譯甘迺迪說的這句德文會變成「我是一塊（個）柏林甜麵包」。柏林人雖然知道這句話的錯誤之處，但當時眞的振奮人心，溫暖了柏林人。的確，總長一百五十五公里的這堵牆把西柏林團團圍住，使西柏林成爲一座名符其實的圍城。生活在如同一座孤島的苦悶可想而知了。難怪當美國總統說出「我是和你們站在一起」的熱情表示時，柏林人不介意這句錯誤的用詞。美國第四十任總統雷根（**R. W. Reagan**，一九一一至二〇〇四年）一九八七年於柏林建城七百五十周年紀念時，在布蘭登堡門[18]附近的演說也呼籲蘇聯拆除圍牆。

一九八九年十月九日東德的城市東柏林、萊比錫、德勒斯登與其他城市的和平示威，喊出「我們是同一民族」的口號。一九八九年十一月九日，東德領導層終於順應人民的願望，開放柏林圍牆及東、西德的邊界。否極泰來的柏林又成爲世界鎂光燈聚焦的城市。

一九九〇年十月三日德國完成統一。柏林圍牆已成爲歷史陳跡，全部拆除，只在伯爾瑙爾街（Bernauer Straße）保留一段，供人憑弔參觀。一九九四年三月，聯邦議院通過「柏林——波昂法」，決定總統府、總理府、聯邦議院及十個部遷到柏林，其餘八個部留在波昂。歷盡滄桑的柏林再度成爲德國首都。

八、德國的國歌、國旗與國徽

德國詩人霍夫曼・馮・華勒斯雷本（Hoffmann von Fallersleben, August Heinrich，一七九八至一八七四年）在一八四一年八月二十六日於赫格蘭島（Helgoland）上寫的《德國之歌》（*Deutschlandlied*），又名《德國人之歌》（*Lied der Deutschen*），後由海頓譜曲[19]，自一八七〇年以來即被傳誦不輟，一八七一年德國統一後，被當成國歌。第一句詩詞爲「德國、德國超越一切」常被德國沙文主義者誤解，作不當的宣傳；其實華氏是個愛國主義者，當時德國尚未統一，他的詩之本意在反對當時的反動政權，反對分裂，呼籲團結、統一。當他寫「德國人之歌」時，他並不把它當成國歌來看，他只在詩裡描述他所處的時代的政治和語言關係，身爲德國人的光榮及對祖國的熱愛使他寫下這首詩，企圖喚醒全體德國人團結起來。

在華氏死後五十年，此首歌於一九二二年八月十一日由威瑪共和國（Die Weimarer Republik，一九一八至一九三三年）定爲國歌，華氏方聲名大噪。在華氏寫下此詩的一百年之後，第一小節第五行至第六行歌詞中的「從馬斯河，〔按發源於法國〕，到梅梅爾（Memel），〔按濱波羅的海，北部地區以前曾屬於東普魯士〕，從艾齊河（Etsch），〔按爲義大利第二大河〕到貝特（Belt）〔按爲海上航路，有大小貝特〕」這兩行詩被希特勒誤用在他的擴張政策。華氏當時只是純粹表示這些地方都可以聽到講德語。

一九四五年德國戰敗，這首歌被當時的盟軍政府禁唱，德國被分成四個占領區，說德語的地區不再像華氏當時所描寫的從 Maas 到 Memel，從 Etsch 到 Belt 那麼廣袤了。戰後有七年之久德國沒有國歌，然後又由總統再次宣布「德國人之歌」是德國的國歌；誠然，在正式的場合只能唱第三小節的歌詞。自從那時以來，海頓美妙的旋律又在官方的場合回響起來，就在德意志聯邦共和國的政治家們在國外訪問時，或是運動員在獲勝時，站在上面的頒獎臺接受表揚，這首優美的旋律就會再度響起。

第三小節的歌詞譯文如下：

統一、權利和自由
為了德意志的祖國
之後讓我們大家努力

如兄弟般心手相連
統一、權利和自由
是幸福的保證——
這幸福的光彩怒放著，
德意志的祖國欣欣向榮。

德國國旗的由來：拿破崙崛起後，於一八〇四年十二月二日，在教皇親臨現場，他自封爲法蘭西帝國皇帝時，法國人民爲之歡欣鼓舞地認同。他爲了鞏固和擴大法蘭西勢力，完全按照傳統的反哈布斯堡王朝的政策；領土擴大，國力也逐漸增強的普魯士已然成爲繼奧地利之後，第二個德意志大國，也成爲拿破崙的眼中釘。他的鐵騎揮向歐洲，所向披靡，而奧地利和普魯士敗在拿破崙手下這一事實，大大激勵了德國人的民族意識。

德國的黑、紅、金黃三色旗起源於普魯士的將軍魯徹夫男爵（L. A. W. Freiherr von Lützow，一七八二至一八三四年）於一八一三年二月在布雷斯勞（Breslau）組成「魯徹夫志願軍」，又稱「黑衫軍」；許多大學生及浪漫派詩人，如艾辛多夫（J. Freiherr von Eichendorff，一七八八至一八五七年）、劇作家克納（T. Körner，一七九一至一八一三年）及體操之父楊（F. L. Jahn，一七七八至一八五二年）等知名人士皆加入，後來組成一支擁有三千人的義勇軍，於一八一三年六月十七日在萊比錫（Leipzig）對抗反拿破崙的解放戰爭；雖然大部分被殲滅，但此戰役因魯徹夫男爵的號召愛國志士的參與而深具意義。軍隊的制服即是黑色的外套，紅色的流蘇，配上金黃色的鈕扣。後來這三種顏色以黑、紅、金黃三色條紋即成爲一面旗幟。德國各地大學生於一八一五年後，建立的統一與自由運動的「學生社團」（Burschenschaft）組織，他們的口號是：榮譽、自由和祖國。他們要以自己的方式，爲即將來臨的德意志祖國統一作準備。他們選擇黑、紅、金黃三色作爲運動的標誌。一八七一年成爲德意志統一運動的旗幟，一八八八年法定通過爲德意志國旗的顏色，並曾在一八四八年的法蘭克福國民會議及一九一九年威瑪共和國時，兩次暫時作爲國家的旗幟。第二次世界大戰後，一九四九年德意志聯邦共和國（前西德）也以此爲國旗，一九九〇年分裂長達四十五年的德國以和平方式統一，這面三色旗再度飄揚於全德國境內。

德國的國徽：一如我們的梅花國徽，德國的國徽爲金黃底上的黑色之鷹，鷹爪和喙飾以紅色。老鷹這種猛禽自古以來即象徵著勇猛及權勢，為各帝國及王公諸侯所喜愛之最高權力象徵。早在公元八百年，查理曼大帝就曾用鷹作為帝國標誌。鷹徽後來演變為德國的象徵，德意志帝國及前西德也曾以不同的老鷹圖樣為國徽。通常我們會看到在介紹德國這個國家時，插圖會在一面橫道黑、紅、金黃三色旗幟上，將老鷹國徽置於橫道紅色的正中央。

哲學家費希特（Johann Gottlieb Fichte，一七六二至一八一四年）於一八〇七至〇八年冬向已淪為亡國奴的同胞發表的演說《告德意志國民書》（*Reden an die dt. Nation*）呼籲經由一般的民族教育完成精神、意識的革新。就有底下一段以「老鷹」為圖騰勉勵及告誡德意志人起來反抗異族（指拿破崙）的統治「……至於德國精神，則『鷹』也，兩翼廣動，縱身天際，直達於蒼穹之最上層，目欲逼近太陽之光，以彼所欲凝神注視者即此陽光也。」這是當時德國知識分子的思想。可惜威廉三世與梅特涅一鼻孔出氣，實行反動政策，大肆搜捕自由主義者。費氏的《告德意志國民》一書，禁止坊間翻印。普魯士之政治，黑暗一片。

費希特從一八〇七年十二月十三日起至第二年一月二十日止，在法軍監視之下的柏林大學，舉行了前後十四次的大公開演講；臺灣的幼獅出版部由其編譯部主編的

《菲希特告德國國民書》中，除譯文外，再加上評析與註釋，於民國六十四年出修訂版，民國七十二年再出第四版。

貳、德國人解讀

柏林圍牆倒塌了，分裂的東、西德迅速復合，再度統一了，德國人又昂首闊步了；不但建立起世界強國的地位，而其屹立不搖的態式更形鞏固。德國人的勤奮及講究實際的特性在二戰後重整家園的精神令人佩服。將馬歇爾計畫的經援妥善運用，成立工廠、鐵路、橋樑、公路及勞工住宅等五個部門。是時工廠林立，濃煙蔽空，日夜繼續開工，全民投入，不分日夜的埋頭苦幹，就這樣僅僅八年的時間，創造出令世人驚羨的「經濟奇蹟」。這不禁使人覺得困惑，這是怎麼樣的一個民族？是一個擅於反思的民族，是一個如亞里斯多德說的，人的精神包括知、情、意；而德意志人真正悟透了這三個字，並且展現了這三者所有的豐富性和深度。我們在本章節可一窺德國人的民族性。

一、典型的德國人

德國，這個於一八七一年才建國的遲到的民族，於第二次世界大戰結束後，不但版圖縮小，國土分裂，且因飽受戰爭的摧殘而滿目瘡痍，整個社會面臨停頓的危機。卻在戰爭結束後的八年以所創造的「經濟奇蹟」讓全球驚豔。戰後四十五年以迅雷不及掩耳的方式，讓分裂的兩個國家再度和平統一，同樣令人震撼。而世人對德國印象也許都不會陌生，尤其是德國出產的汽車、化學工業、科技和優秀的製造業，在世界市場均占重要地位。這些傲人成就是德國人耕耘的成果。我們不僅要問它究竟是怎麼樣的一個國家？怎麼樣的一個民族性？能夠奇蹟似地在短期內從廢墟中挺立而茁壯，並再度爭得舉足輕重的國際地位。要解開這個謎，知道箇中的源由、來龍去脈，探討典型的「德國人」是有必要的。

評價某國人的典型風格總要受到觀察者本國文化的影響，因爲這種評價取決於其成長的地方和生活的方式。當然，一個民族的某些基本特徵總會引人注目。那麼，什麼是深植於日耳曼民族血脈中的精神和思想的特質，什麼是聯繫所有德國人代代相傳的特徵呢？

德國人無疑是一個講究原則、規章、制度、紀律及秩序的民族。每個人都有自己的「歸屬」，即應堅守的崗位。甚至連每樣東西也都有其「合適」的位置。有幾件事情可以看出端倪，外國人在德國旅遊，第一個感覺是那裡的空間、田地和建築物分布得井井有條。維持秩序的標示牌和禁令牌到處可見。禁止做某件事情的德文字是「**verboten**」，這個詞也許是每個外國人在德國最早學到的單詞。這種井然有序的文化也可以從一個德國工人和一個法國工人身上看出：當工人在安裝天花板的吊燈時，不小心將螺絲釘掉到地板上了。法國工人的尋找方式是四處張望，德國工人會先在地板畫上大約十來個方格，然後按著順序一個格子一個格子地尋找。講究規章制度還表現在時間安排上。德國不僅有明文規定的工作和學習時間，而且還規定嚴格的商店營業時間，準時開門與關門。家庭婦女在家中有各自的安排。去商店買東西前，她們大多數會先列一張購物清單；在德國的百貨公司或是超級市場常會看到一手推著購物車，一手拿著清單買東西的德國人。

德國人是最重守時的民族之一。德國的公車站牌告示欄記載著公車於何時抵達何站，幾乎都很準時。諾貝爾文學獎得主鮑爾寫的短篇小說《火車準時開》（*Der Zug war pünktlich*），敘述一位要上東戰場的士兵的心情，他說：「火車會準時將我送上死亡。」德國人也是喜歡乾淨、清潔的民族，鮑爾的短篇敘述作品《過橋》（*Über die Brücke*）寫一位公務員戰爭前每天搭公車過橋時，總會在同一時間、同一間房子的窗前，看到一位婦女在擦窗戶。戰後歸來，他又在同一時間與地點看到同樣的情景，只不過擦窗戶的婦人年輕多了。經他仔細辨認，終於認出來是那個當年坐在門前玩洋娃娃的女孩。

德國人非常注重規律，無形中變成了喜歡填寫表格的民族。在前西德曾經有一間德國公司與一家美國公司競賽，看誰能先完竣相同的一個建設計畫。過了一段時間，那家美國公司致電德國公司說：「我們的建設約於十天內便完成，你們呢？」德國公司主管回答：「我們填好十個表格便會開始工作。」德國人的守紀律在克萊斯特（Heinrich von Kleist，一七七七至一八一一年）的戲劇作品《宏堡王子》（*Prinz Friedrich von Homburg*）中也提到：宏堡王子在一次聽取作戰計畫簡報時，因沉迷幻想自己此戰如獲勝，將可娶回萊奧娜（Leona）公主，因而心神渙散。開戰時，宏堡王子不遵守原定計畫，便冒然發動攻擊。雖然此戰役他大獲全勝，然而卻違反了軍事紀律。宏堡王子被判死刑。他央求萊奧娜向大公爵求情，大公爵讓他在監獄裡自我檢討，他應該是被判有罪或無罪。宏堡王子慢慢認清事實，最後，在法庭上他承認自己違反軍事紀律應該判死刑。後大公爵赦免其罪並將萊奧娜公主嫁給他。德國人習慣自律，他們一與對方成爲生意伙伴，便不會輕易轉變，但他們對伙伴要求之嚴格，也是一絲不苟的，「進步，再進步」（fortschreiten）便是時常聽到的德語。

德國人舉止「端莊」、「中規中矩」。德國人出現在公開場合以及與人交往時，講究舉止端莊。他們盡其責任，對人適度敬重，事事循規蹈矩。儘管德國人在傳統的人際交往中顯得非常拘泥形式，初次見面以「您」（Sie）相稱，然而他們並不視這種禮貌有多大價值。與此相反，誠實和眞誠對他們來說比其他任何東西更重要。在私人交際圈內，德國人喜歡無拘無束。在這種場合，他們不再感到自己是「官員」（Beamter），而是「常人」（Mensch）。他們很樂意同朋友聚會，因爲朋友在他們眼裡完全不同於熟人。與朋友相稱，他們都用小名（Vornamen），並以「你」（du）[20]稱呼對方。他們還會與朋友開誠布公地談論自己的煩惱。與熟人他們則保持一定的距離。

德國人辦事認眞仔細，對於一切要求非常嚴格，尤其是很多外國商品要到德國競銷，往往使外國人感到頗爲困難，但德國人即使對其本國產品的要求亦極之講究，因此，能夠在德國被准許售賣的物品，其品質在世界各地均獲得認可。德國人頗爲念舊，傳統精神到處可見，他們喜歡父業子承，公司或機構的業務一代交一代。事實上，德國是個高度發展的工業國家。從日耳曼民族是何時出現在政治舞臺開始，從它的起源、遷徙、艱辛的建國過程共歷時二千年，由維京人到羅馬人直至今日的演變過程裡發現了不少文物古蹟。因此，在德國可以看到先進科技的一面，也可以看到古舊傳統文化，有舊式的宏偉建築，同時也有麥當勞的快餐店；德國人並沒有覺得不協調，他們重實際，講效率，就像柏林、慕尼黑一樣，有巴洛克、洛可可、文藝復興時期的建築，也有當代藝術、有歌劇、芭蕾舞，也有時興的DISCO、KTV。

一般人認爲德國人給人的印象是：能幹、仔細、可靠、嚴肅。但也有點慢條斯理、刻板和固執。很多外國人要求他們活潑一些、輕鬆一些。那麼德國人是怎麼評價自己的呢？德國人自己塑造一個名叫陳腐的「米歇爾」（Michel）之德國人形象。米歇爾指的是愚蠢的、好心腸的又笨手笨腳的人。在農業社會所謂的「德國米歇爾」是個諷刺名字，比如指德國農夫的個性爲有同情心的、脾氣好，又老實的、順從、守規矩且能幹的。一八四八年以後的德國人形象則被塑造成爲一個脫離現實、與世隔絕的、不問政事且戴著一頂睡帽，舒舒服服窩居在家裡的人。那麼除了這些自評及外人的評價之外，德國人還有一個特性，即是對集會結社最狂熱的民族。據統計，德國的社團多到不可勝數；光是人口約四十五萬的萊比錫就有四萬四千個社團，可想而知。難怪有人戲言：「三個德國人在一起，便會組織一個社團。」德國人的社團類別千奇百怪，比如除了工程師社團、射擊社團、足球社團及最多人參加的德國汽車社團（ADAC）等等之外，尚有一些光怪陸離、令人啼笑皆非的社團，比如肥人社團、禿頭社團、反對打領帶社團等等五花八門，不勝枚舉。[21]

與德國人源出一脈的奧地利人，對於集會結社也是同樣熱情無比，而維也納（Wien）亦被推爲協會組織的城市。據說當地單是協會幹事便有十幾萬人之眾。

不管哪一國人，哪一種民族，都有自己獨特的風格，即與其他民族、國家的人在性格特徵和言行舉止上的（細微）差別。那麼這種民族風格是如何形成的？臺灣俗語說「一樣米飼養百樣人」。這是說一個民族的獨特風格是在特定的環境裡耳濡目染中形成的，是從歷史長河中累積而來的，是父子相沿，代代傳承下來的。

走筆至此，以一則德國人定義自己人的典型風格，略窺一二，雖不表贊同，但亦相差不遠。這是戈林（Hermann Göring，一八九三至一九四六年），希特勒最重要的戰友，一九三六年起，他是希特勒在重整軍備的「四年計畫」中重要的負責人。他曾大言不慚的說：「我沒有良知，我的良知叫做阿道夫・希特勒。」一九四六年十月一日紐倫堡的戰犯審判，定他死刑。但他於一九四六年十月十五日服毒自殺，逃避死刑。底下這一則話是他待審時，對看管他的美國人說的笑話：「如果得到一個德國人，你知道你會得到什麼？你會得到一個出色的人。如果有兩個德國人，你會有一個聯盟。三個德國人呢？你會有一場戰爭！一個英國人嘛！你會得到一個白痴，兩個英國人是一個俱樂部，三個英國人是一個帝國！」

二、德國人怎樣使用「您」和「你」

在學習德語第二人稱時，老師通常都會耳提面命地一再叮嚀，和熟悉的親朋好友，單數用「你」（du），複數用「你們」（ihr）。如果與陌生人或第一次見面認識的人，要用尊稱的單數形「您」（Sie），複數的尊稱形「您們」（Sie）。這種人際交往的稱呼「你」或「您」在德國有嚴格的用法與文法變格、變位的規定。

當你聽到相識多年的德國人之間用「您」（Sie）互相稱呼時，可能會想到：「典型德國人的拘謹作風。」誠然，通常「你」（du）是親密的叫法，「您」則是比較正式的稱呼。對德國人來說，「您」並不表示拘謹。例如，同行人士和在同一辦公室中共事多年的老同事，或下屬對上司即使以「您」相稱，也絲毫不會影響非常友好和愉快的氣氛。不過工人和軍人之間則多以「你」相稱。

在社會生活中，非常熟悉而以「您」相稱的人稱爲「熟人」，以「你」相稱的則多半屬於較親密的朋友，不熟的朋友亦以「您」稱呼。但在德國目前的社會生活中，年輕人之間往往在認識不久就會以「你」相稱。除此之外，「你」主要用於家人、「心上人」和青少年。

如果不能確定應當怎麼稱呼，最好用「您」。對於年紀較大的人，通常要由對方主動提出之後，才可以改用「你」來稱呼他。

德國人往往要經過再三考慮之後，才決定對某人採用「你」的稱呼。採用這種稱呼時，甚至可能要舉行一項稱爲「歡飲結義」的小儀式。當兩個人決定建立以「你」相稱的關係時，雙方都用右手舉起一杯酒或啤酒，勾著手臂，從自己手中的杯子裡喝一口酒。然後，男子要握手，女子則互相親吻面頰。接著各自報出教名，比如說：「我叫培德」。

不過，這種「結義」儀式也像德國的其他許多風俗一樣，被許多不願像老一輩那樣拘謹的年輕人認爲迂腐或有點滑稽。

三、德國人對「職業」一詞的看法

舉世公認德國人辦事仔細認眞，這在職業活動中表現得尤爲突出。根據傳統，「職業」不同於單純的「工作」。工作僅僅是爲了掙錢，而「職業」是花了心血學來的，猶如一門專業。每一個德國人爲能掌握一門專業技術並能出色地工作而感到自豪。出色地完成一項工作的感覺，對德國人的自尊心十分重要。

「der Beruf, -(e)s, -e」這個德文字的意思是「職業、職務、行業」。在中古德文指的是「合適的名聲」，自從馬丁・路德（Martin Luther，一四八三至一五四六年）翻譯聖經，統一德國的語言文字以來一直到今天爲止，它首先被當作 Beruf（聘任、聘請、委任）的意義，然後也有 Stand（狀況、形勢）和 Amt（職位、職務）的意思；它主要的工作、職業還是奠基在知識、經驗和熟練技巧，並透過這些列入國民經濟裡。根據喀爾文（Johannes Calvin，一五〇九至一五六四年）的教義，Beruf 這個字義特別強調工作上合乎道德的績效，並且提升到盡職的戒律（要求），這種一個人內心緊密地和他的「職業」聯繫在一起的職業道德（倫理）的觀念，有部分直到今天還被保留下來。

Beruf 一詞在今天的工業國家被理解爲一種國民經濟和社會都需要分工的結論，需要具備專業特殊技能，同時也被當作一個人獲取溫飽的方式。因此，一個人要能夠擁有一份職業，他必須先取得資格證明。所以從義務教育開始，小學、中學、大學、職業學校、專科學校、研究所、留學深造等等，必然歷經這些管道，不言而喻。

撇開 Beruf 一詞嚴肅的定義，我們來談一談輕鬆的話題。berufen 是動詞，意爲「任命」、「聘請」（擔任高級職務），jmdn. an eine Universität berufen，意即：聘某人到大學去（擔任教授），另一個 berufen 爲形容詞，意爲「負有使命的」、「能勝任的」、「有才能的」、「有資格的」。由其衍生的名詞 die Berufung 意爲「聘請」、「委任」，它的另一種轉義爲優雅的用詞，意爲「天職」、「使命」。據說上帝在創造世界後，人類繁衍了無數子孫，有一天，上帝把一些人找來，對他們說：「張三，你適合當老師，李四，你適合當工人，王五你有當商人的天分。……」這樣，上帝一一分派了、任命了（berufen）某人從事何種行業（Beruf）。

Beruf 與另外一個也有「職業」、「工作」的 die Arbeit 在德國人來看是有區別的。他們認爲 Beruf 是他辛辛苦苦地受教育、學習、進修，全力以赴學得一技之長後所找到的一份職業，其意義神聖非凡，而 Arbeit 指的是他目前手上有事情要處理。或當某甲約某乙去看電影，某乙說：「不行，我今天晚上要留在家裡工作」，這裡的工作是 Arbeit。而源自英語的 der Job，在德國被當作俚俗口語的用法，意即（臨時）工作，職業。比如，快要放暑假了，有兩個大學生在交談，A問B：「你暑假計劃做什麼？」B回答：「我想找一份工作。」，這裡指的是尋找一份（臨時）工作，正確的用詞是 **einen Job suchen**。

有關於「工作」（die Arbeit, -, -en）這個指（體力或腦力）勞動、工作的用詞，在第二次大戰後也傳入日本，其源由是二戰時，希特勒德國與日本結爲同盟。日本人想學德國鋪設鐵路的技術，德國人不願技術外洩；於是日本工程師喬裝成工人（der Arbeiter, -s, -），混到修建鐵路的行列裡，偷偷地學習技術。日後，日本的「打工」一詞（アルバイト）即是從德文的「工作」這個名詞演變而來的。

職業名稱在德文裡分爲陽性及陰性，現在舉幾個例子：

der Arzt, -es, ¨e	醫生	die Ärztin, -, -nen	女醫生
der Beamte, -n, -n	公務員	die Beamtin, -, -nen	女公務員
der Chef, -s, -s	主管人員，老闆	die Chefin, -, -nen	女主管人員，女老闆

der Dolmetscher, -s, - 口譯員	die Dolmetscherin, -, -nen 女口譯員
der Elektrotechniker, -s, - 電工技術員	die Elektrotechnikerin, -, -nen 女電工技術員
der Feuerwehrmann, -s, ¨er 消防隊員	die Feuerwehrfrau, -, -en 女消防隊員
der Gärtner, -s, - 園丁	die Gärtnerin, -, -nen 女園丁
der Hausmann, -es, ¨er 家庭主夫	die Hausfrau, -, -en 家庭主婦
der Immobilienmakler, -s, - 房屋仲介商	die Immobilienmaklerin, -, -nen 女房屋仲介商
der Journalist, -en, -en 新聞記者	die Journalistin, -, -nen 女新聞記者
der Kaufmann, -s; Kaufleute 商人	die Kauffrau, -, -en 女商人
der Lehrer, -s -, 老師	die Lehrerin, -, -nen 女老師
der Manager, -s, - 經理	die Managerin, -, -nen 女經理
der Novellist, -en, -en 小說家	die Novellistin, -, -nen 女小說家

der Optiker, -s, - 光學儀器製造者／（眼鏡）驗光員

der Programmierer, -s, - 電腦程式設計員

der Quizmaster -, -s 機智問答主持人

der Richter, -s, - 法官

der Sportler, -s, - 運動員

der Taxifahrer, -s, - 計程車司機

der Uhrmacher, -s, - 鐘錶製造者

der Verkäufer, -s, - 售貨員

der Weber, -s, - 男織布者

der Xylographspieler, -s, - 木版雕刻者

der Zimmermann, -es, ...leute 木匠

die Optikerin, -, -nen 女光學儀器製造者／女驗光員

die Programmiererin, -, -nen 女電腦程式設計員

die Quizmasterin, -, -nen 女機智問答主持人

die Richterin, -, -nen 女法官

die Sportlerin, -, -nen 女運動員

die Taxifahrerin, -, -nen 女計程車司機

die Uhrmacherin, -, -nen 女鐘錶製造者

die Verkäuferin, -, -nen 女售貨員

die Weberin, -, -nen 女織布者

die Xylographspielerin, -, -nen 女木版雕刻者

四、德意志精神的特性

「精神」一詞，德語爲 Geist。古德語的意思即精神的眞正「激動」。它原本是一個哲學概念，用以系統地區別那種自然的、人的、單純自然存在的能力和活動。諸如安那卡果拉斯[22]、笛卡兒[23]、費希特、赫爾德、洪堡及黑格爾等各家對「精神」都有各自的定義，蘇格拉底（Sokrates，公元前四七〇至三九九年）和柏拉圖（Platon，公元前四二八或四二七至三四八或三四七年）則簡單地定義爲「遵行所有自然和人類的規則之態度達於至善」。精神和文化是有區別的，「精神」是一種能力，「文化」則是「精神」的創造，「精神」是內在的（內向的），「文化」是外在的（外顯的）。簡而言之，精神即是指人的心神、靈魂、靈感、精力及氣力。

要談「德意志」精神可先從大自然的環境來談。在塔西吐斯的時代，羅馬人眼中的德意志是一片蠻荒之地，不見天日的森林，人跡罕至的沼澤地四布又潮溼、到處都是一望無際的草原，狂風吹襲又寒冷的荒原，實在不宜人居。經過老祖宗們篳路藍縷的努力，現在已然改觀，只有惡劣的氣候原性不改。德意志人無法像處在陽光普照的南國人士一樣，盡量享受大自然的陽光，於是生活在這種先天環境下的大部分德意志人，變得一本正經，強烈地追求家庭與內心的舒適。對他們而言，「家」的感覺，縱然是乞丐、窮鬼也會變成王爺、富翁，甚至是在壁爐旁邊取暖，也可以夢想在天國的情景。家對他們來說，是一個避風港，一個讓他感到安全的地方，一個他可以發號施令的地方。所以一般的德意志人無不將辛苦賺來的錢精心布置自己的家[24]。但自然循環、四季的更替相當規律，德意志人也熱愛大自然，隨著春天到來，萬物復甦，景象更新，德意志人努力工作，春耕、夏種、秋收及冬藏是種無法改變的大自然之生成與消滅。德意志人從嚴酷的冬天待在舒適的家，可以口沫橫飛、高談闊論的說著過去的美好時光，一直到春天復甦，溫昫的陽光、盎然的綠，又會憧憬著美好的未來，這種生生不息的循環，就醞釀出德意志人瞑想的氣質。

在惡劣的氣候與不毛的蠻荒之地，德意志人爲了生存，戮力地勞動，在工作中，融入感情與熱愛，他們視勞動如技能和藝術般的尊貴，（參見「德國人對職業一詞的看法」，第一〇八頁）。因此，貫穿家、夢想與瞑想這三個主軸線，只有以含有內在、內心的志向爲中心，將長期接受神祕主義[25]的傳統轉化爲良心的存在，這也是路德宗教改革的原因。所以貫穿家、夢想與瞑想的這條線，就是將勤勉與勞動轉化爲技能與藝術。其最高的表現乃音樂之產生。對此闡釋得最透徹的是德國大文豪湯瑪士・曼（Thomas Mann，一八七五至一九五五年）[26]在一篇題爲「德意志與德意志人」（Deutschland und die Deutschen）的文章中所敘述的一段話：

「在德意志人所有的特性中最難翻譯的與最著名的乃是無以名狀的『內向性』（Innerlichkeit）的表現。……纖細的、綿密的、周詳的深思熟慮，渾然忘我般的專心致志，對大自然虔敬的心理、思想與意識的純粹態度。簡言之，高水準抒情詩所具備的本質上之特徵都已包融在其中了。因此世界的文化如何從德意志的的內向性中沾恩受惠，世界文化本身至今對此仍表示感謝並難以忘懷。德意志的形上學、德意志的音樂，尤其德意志歌曲更是一件奇蹟。這些只有德意志國民才能創造出來，雖然它杜絕了比較機會，但是這些都是德意志人所謂「內向性」的成果。德國內向性的偉大歷史事件是馬丁・路德的宗教改革[27]——我們把它稱爲一種強而有力的解放事件，然而這事件它是一些善事。……」[28]

要舉出德意志精神方面最顯著的特徵——內向性的例證，是無法詳細道盡的。我們可以從德意志文學或其他幾個領域舉例說明並加以佐證。當大文豪歌德的《少年維特的煩惱》一書出版後，不但在德國造成轟動，乃至於全世界也引起共鳴及騷動。主要的原因是主角維特心中所充溢的情感，同樣也積鬱在我們心中，揮之不去，這種情感的源流是德語中的 Weltschmerz（即世界+痛苦）一詞，這也就是世界充塞心中那種存在的痛苦感受。歌德的古典主義作品《塔索》（*Torquato Tasso*，一七九〇年）中，主人翁塔索曾這樣說過：「世界悄悄的進入我心中，幾乎不存在於外，而隱藏在自身的內面。」

浪漫主義是唯一由德國本身發起，進而影響歐洲文化思想的運動，在德國的文藝思潮上有一定的地位。浪漫主義的作家認爲文學是一種媒介，可以將人無止境的預感和傾向、渴望表達出來。浪漫主義在反映現實上，善於抒發對理想世界的熱烈追求，常用熱情奔放的語言，誇張的手法來塑造形象。他們認爲文藝之目的並不在於反映外在的現實，而在於描寫內心的世界——心靈的世界，這種內心追求和理想不免帶有濃厚的神祕主義色彩。比如最具代表意義的作家諾瓦利斯（Novalis，一七七二至一八〇一年）在他的《夜之頌歌》（*Hymnen an die Nacht*）和小說《海英利希・馮・歐福特丁根》（*Heinrich von Ofterdingen*）中，從個人的宗教虔誠經驗處理了「自然」、「愛情」、「死亡」、「彼岸」及「來世」等的追求。由以上舉例，德意志內在面可見一斑，代表德意志精神的精髓之浪漫主義，並沒有辜負大家對它的期望與任務。它同時一面遠離外部世界，一面「把自身的內部當作眞理之下的眞形式」去努力，以求實現，德意志人也知道，除了永久的努力，別無他法。

德意志精神的體現與落實可以從幾個事例來一窺究竟。首先爲中世紀的騎士精神。騎士階級是在沙利爾王朝（Salier，一〇二四至一一二五年）統治時出現的。早期，封建諸侯在戰爭、狩獵、文學和音樂等領域訓練騎士。騎士隸屬於一個封建諸侯，爲封建主服務；諸侯則又是臣屬於皇帝，這即是中古世紀采邑制度的特點。而騎士文化是在十字軍東征中（一〇九六至一二九一）產生的，在斯道佛王朝（Staufer，一一五二至一二五四年），騎士制度發展到頂峰。騎士須具備基督徒的謙恭和武士的勇敢精神，一個正式的騎士必須效忠並服務其領主，獻身教會。

爲了要表現騎士的戰鬥經歷、武士美德、騎士的責任感、榮譽心、愛情與冒險傳奇等，中世紀的德國抒情詩人和作家創作了豐富優美的騎士詩歌、騎士傳奇和騎士史詩。另一種文學類別是至今還很難令人領會的「宮廷戀愛抒情詩」（Minnelyrik），抒情詩所描寫的、所獻詩的對象，並不是騎士的戀人或妻子，而是已婚的貴婦人或是騎士的領主之妻。這些貴婦人是騎士精神上的情婦。她們鼓勵騎士建勳，奮不顧身，具有戰士般的忠誠。在中古世紀，騎士博得「封建之花」的美名。騎士那種行俠仗義、尚武好鬥、尊崇婦女的精神至今還保留下來。

在中古世紀，許多有虔誠信仰的人，爲了要向上帝表達敬意，往往自願自發、耗費體力去建蓋規模宏大，結構極其複雜、美侖美奐的大教堂，有時候甚至三代、四代永續下去，無怨無悔地投入這極爲艱鉅的工程，比如科隆大教堂（**Kölner Dom**），於西元一二四八年奠基，一五一〇年暫告一段落，而眞正完成期是在一八八〇年；正面矗立之雙鐘塔，高達五百英尺，爲歐洲最大最高的哥德式教堂。內供有基督誕生時，由東方去朝覲的三位博士（**Magi**）之遺骸，爲中世紀德國著名朝聖地之一。這一點也讓我們很容易聯想到今天德國人的堅持、有恆、勤勞和效率。

樂聖貝多芬的耳病在一七九六年就已有聽覺遲鈍的現象，至一八〇一年才有人知曉，一八〇二年終於耳聾了，這對於一個需要靠耳朵創作的音樂家是一件非常殘酷可悲的事。但貝多芬堅強的意志及敢於向命運挑戰的不服輸精神支持著他殫精竭力，孜孜不倦地創作。有誰會相信，他最偉大的作品，最爲世人熟悉讚賞的《第九號交響樂》，就是在他兩耳全聾時創作的。貝多芬以詩人席勒作於一七八六年的《歡樂頌》（*An die Freude*）裡，發自肺腑的歌頌友情、善良、寬容與和平；呼籲四海之內皆兄弟，人類應該相親相愛，團結一致，使生活充滿歡樂的旨意作爲交響樂第四樂章的合唱部分，譜成曲。全章壯麗宏偉，至情至聖，令人動容。在這首交響樂裡，席勒的詞表現在政治上人生的偉大思想之藍圖。而貝多芬的樂意則指出，藝術從人生中體驗，進而指示人生的價值、生活的眞義和止於至善。將這種崇高的理想藉由音符展現，格調之高，無出其右者，貝多芬堪稱浪漫派之巨擘，後人稱貝多芬爲「樂聖」，的確是實至名歸。

一八二四年五月二日第九號交響樂首演於維也納，演奏完畢，聽眾熱烈喝采，掌聲如雷，歡呼不已。貝多芬站在指揮旁邊，面向樂隊，因耳已全聾，不知聽眾的歡呼，擔任女聲獨唱的歌唱家拍拍他的肩膀，他轉過身來，只見聽眾舉手高呼，興奮激動的樣子，貝多芬看見這種熱烈情形，感動得幾乎流淚，心靈上默默地接受聽眾的歡呼和敬意。即使在今天，每當有意義的節日慶典（比如奧林匹克運動大會），隨著貝多芬的第九交響曲之演奏《歡樂頌》響徹人間，不分國界，感動了無數人心。

要如何替海英利希・施里曼（Heinrich Schliemann，一八二二至一八九〇年）定位一點也不難，他是一個成功的商人，同時也是一位研究古希臘、羅馬時代的專家。他能留名青史，源自於他十歲時所立下的志願。那年的聖誕節，他的父親送給他一本荷馬的書。他對特洛伊（Troja）戰爭的來龍去脈，奧德修斯、阿加曼農等英雄事蹟相當著迷。在他的時代，荷馬被當作傳說的行吟詩人，人們無法證明是否有荷馬這個詩人，也無從得知他作品中內容的眞假。但施里曼對荷馬史詩記述的故事深信不疑，從這時候起，他就已經立下了終生不渝的理想，他一定要找到荷馬史詩裡所描述的地方，他相信荷馬史詩中記載的英雄人物實有其人，他要證明他們眞的存在過。

施里曼聰慧好學，記憶力驚人，他從雜役、學徒做起，後來在商行當簿記員。他特別有語言天分，掌握了十五門語言，其中當然少不了古希臘文、新希臘文和拉丁文，還有俄文、阿拉伯文等。得助於他的多國外語知識，他從阿姆斯特丹（Amsterdam）的海外貿易事務發跡。一八四七年，憑著他的勤奮及靈敏的經商手法，在俄國的彼得堡創辦了自己的進出口航運公司，成功的生意帶給他一筆鉅富。如果到此爲止，他沒有一番作爲，今天誰也不會記得施里曼這個人了。

從一八五八年起，他即到世界各地去接受教育，一八六六年在巴黎攻讀語言、文學和考古學。基於詳細研究荷馬的發現，一八六八年他完成了他的博士論文《伊塔卡、伯羅奔尼斯和特洛伊》（*Ithaka, Peloponnes and Troja*）[29]。今天在考古學領域裡仍然沿用他研發的方法。後來他搬到雅典去住，一八七〇至八二年及一八九〇年他終於把特洛伊挖掘出來了。一八七六年挖掘出邁錫尼（Mykene），一八八〇至八六年挖掘出歐索曼諾斯（Orchomenos）[30]，一八八四至八五挖掘出提尼斯（Tiryns）[31]。在開始挖掘前，施里曼會有系統地評估文獻及文學資料的來源、調查地勢，並以鑽探仔細地檢查地質。為了能順利地挖掘，他研發出一種探勘地層的方法學。從澄清、解釋文化層面（在挖掘特洛伊時已採用此方式），一直到變動的地面等問題，他都請專家來協助。

施里曼挖掘出來的文物充滿了各國的博物館。他讓基督誕生前的文物重見天日，同時也解開了古希臘的迷思，豐富了人們關於古希臘文化的知識，甚至可以說讓幾千年前的文明重新展現在世人面前。施里曼的事蹟無疑展現了德國人求知的精神、執著、不改初衷且徹底地做到務必求得答案水落石出。總之，可說是一以貫之的精神讓他義無反顧地全心全力投入。可以想見當初，他執意去挖掘特洛依伊時，一定有人認為天方夜譚，或許以嘲笑譏諷的神情語氣把他看成是瘋子也說不定。然而執著和徹底的精神讓他克服困難。今天，特洛依城觀光廣受世人喜愛，入口處涼亭有一系列展示施里曼挖掘特洛伊的圖片，中庭有一隻特大的木馬造型可供遊客拍照留念。

五、維特的痛苦

當歌德（Johann Wolfgang von Goethe，一七四九至一八三二年）一七七二年前往魏茨拉（Wetzlar）高等法院任職時，結識了他的朋友凱斯那（Kestner）美麗的未婚妻夏綠蒂・布夫（Charlotte Buff），他深爲夏綠蒂高雅的氣質所吸引。但知書達理的夏綠蒂一直以好朋友的立場開導歌德；在得知追求夏綠蒂沒指望時，只好離開魏茨拉。在返回法蘭克福家的途中，他在埃連布萊特斯坦（Ehrenbreitstein）小鎮逗留，拜訪其家世交，亦是頗負盛名的女作家蘇菲・拉・羅夏（Sophie La Roche），羅夏的女兒瑪希米莉安娜（Maximiliane）長得亭亭玉立，歌德遂又一見傾心，向她求婚，但依舊遭到拒絕。

瑪希米莉安娜於一七七四年嫁給一位住在法蘭克福的義大利商人布連塔諾（Brentano）。後來歌德也常常拜訪婚後的瑪希米莉安娜，因爲兩人同樣喜好文學與音樂，常常一起討論文學作品，一起彈鋼琴。這麼一來，布連塔諾先生難免心中不是滋味，遂偶而醋海生波，有些不愉快的場面發生。過後不久，一位愛上了有夫之婦，而受了種種損害名譽的侮辱，憤而舉槍自殺的律師耶路撒冷（Jerusalem）的悲淒命運使歌德感同身受。這三件事情串聯起來，百感交集的歌德奮筆疾書，只花了四星期的工夫，以書信、日記和自白的體裁爲結構的小說《少年維特的煩惱》（*Die Leiden des jungen Werthers*）問世了。文字流利自然，不矯揉造作，情感眞摯熱烈，故事曲折，委婉動人。歌德毫不隱瞞的把個人內心對夏綠蒂的愛慕、感覺，與對無法解決的愛情糾紛的痛苦，赤裸裸的表達出來。

此作一出，舉世震驚，幾乎人手一冊，尤其年輕人更爲維特唏噓不已，掉了不少眼淚。有些年輕人崇拜這位脆弱、敏感、善良又熱愛大自然的維特的敢愛敢恨，因而有人模仿書中維特的衣著裝扮，即是藍色的燕尾服，配上黃色長褲的維特時裝。有的甚至受維特的感召，穿著「維特裝」舉槍自殺與小說書中的主角同赴黃泉。連一代梟雄拿破崙都曾說過，他曾反覆讀「維特」不下七次，他遠征埃及時，還帶一本在身邊。但對於此書給予負面評價的是官方和教會，他們對《維特》深惡痛絕，唯恐《維特》毒害年輕人。義大利教會購買了全部《維特》的譯本後付之一炬，萊比錫等城則下令禁止出版。

這本著作不是單純的一本膚淺戀愛故事，如果是這樣，時尚一過，就難免被人如破鞋子一般的丟棄了。它所以有偉大永恆的價值，是因爲它不只是個失戀的故事，而且是細膩的描寫一個悲劇人格的故事。維特在「愛」中的心靈狀態，在他過分純潔的內心追求，漸漸腐蝕其病態情緒的榮譽感，驅使他走上毀滅之途。這部作品反映出那個時代的尊重感情與自我覺醒的精神，因此，甫一問世，很快就有了翻譯本。連當時執世界文壇牛耳的英國、法國、西班牙等國也對還一直被譏笑像一片沙漠的德國文學刮目相看。歌德的名聲更如日中天，歷久不衰，有許多人終其一生不叫他歌德，只稱他爲「維特一書的作者」，可見此書引起的震撼，此時的歌德才二十五歲而已。

在臺灣目前有由英文轉譯和由德文直接翻譯的多種版本，《維特》的魅力可見一斑了。

六、德意志思想的特性

德意志人給人的印象一般是一個強悍的民族，它有著自己獨特的傳統精神和思想。凡是問起對德國人的印象是什麼？大致都會說他們外表冷靜、理性、嚴肅，甚至被認爲嚴厲、冷酷及不近情理，也許這些都是看了美國好萊塢拍攝的第一或第二次世界大戰的戰爭電影，讓人記憶猶新所留下的印象吧！其實德國人在嚴峻的外表下，其深藏的激情有如海底湧動的暗流，澎湃不已。

那麼要如何了解眞正的德意志人？德意志人的精神與思想是什麼？德國大文豪歌德的力作《浮士德》（*Faust*）給我們提供了最好的線索。在浮士德身上，我們找到了他凡事認眞、孜孜不倦地全力以赴、永無止境的探索及自強不息的精神，歌德極力美化浮士德，他讓浮士德知錯能改，進行無私的努力，當他實現爲社會造福這個理想的瞬間，感到心滿意足時，才讓魔鬼帶走，因爲浮士德窮盡一生的生命，努力去達到他的理想，感動了上帝，所以天使奉上帝之命，將浮士德的靈魂帶往天國。

雖然德意志較晚成爲一個統一的民族國家，「德意志」概念在十八世紀中葉到十九世紀初期卻飛速地形成，這個概念不是藉助於政治情勢，而是得力於德意志文化的推波助瀾，有源自德意志本身的狂飆運動和浪漫主義，有取自英國的啓蒙主義和法國的古典主義，汲取其思想中之精華。同時以德意志固有的神祕主義、虔敬主義與宗教體驗結合在一起，並將感情及靈魂置於中心，再加上德意志人內在的思考與省察，故可由此初步看出德意志思想的特性仍然是「內在性」。至於要激勵德意志人民族意識的認同感，除了法勒斯雷本所作的〈德國人之歌〉，尚有阿恩德（Arndt, Ernst Moritz，一七六九至一八六〇年）的《什麼是德意志祖國？》的詩中，回答道：

德國語言所至之地，
上帝天籟所唱之處，
盡皆德意志祖國。
強大的德國人，
您的名字就是德意志。

阿恩德呼籲民族團結，所著反抗拿破崙一世的四冊《時代精神》（*Geist der Zeit*，一八〇六至一八一八年）及宣傳小冊子《萊茵河是德國的河流，但並不是德國的邊界》（一八一三年）明白地闡明了他的思想。

但是所謂思想大部分都是指內在精神方面，要了解這個問題其實又會繞回德意志史上最重要的「浪漫主義」時期。自從康德（Immanuel Kant，一七二四至一八〇四年）確立了近代精神基礎的「自我」以來，一些哲學家們不遺餘力闡述「德意志觀念論」。在政治上一直還不是一個統一國家的德意志，在精神方面開始堅持自己的主張。將德意志的精神深入內心，並且大力地強調內在性。但是現代的德意志人，可說礙於時局，配合時勢，表現出現實的一面。然而不管思想家也好，藝術家也好，他們作品中所塑造出令人印象深刻的情節，其實與他們的日常生活幾乎完全脫節。儘管表面如此，德意志人還是自始至終、內心深處相當注重所謂內在的這個世界。因爲德意志本來就存在所謂神祕主義的傳統。自中古世紀末期著名人文學者尼可勞斯・馮・庫斯（Nikolaus von Kues，一四〇一至一四六四年）、邁斯特・艾克哈特這些代表人物都反對羅馬教會客觀的教理與信條及注重作禮拜與望彌撒等外在形式，強調尊重內在信仰以及自律性的一面。正是這個「神祕主義的傳統」培養了路德思想精神的泉源。路德講求內在、情感上虔誠的信仰，也就是說把全部委諸於良心的自由。路德終於與農民戰爭分道揚鑣，依照上帝的指示，全然接受現在的立場與狀況，以求拯救內心深處的靈魂。

路德首先從思想方向確立「自我意識」或「自我方面」。這兩個觀念並不是指自己本身，如果要膚淺的解釋爲「自己本身」，那就只有局限在與其他人有區別的問題上了（亦即只有「我」和「他」的區別了）。比如普通人說的「我」、「余」、「俺」，哲學家說的「自我」，在德語的用詞都是同樣的一個詞「ICH」（「我」之意）。要區別這幾個 ich 的概念[32]，很簡單，所謂自我就是把「俺、余」等個人的存在普遍化了。正是如此，使日常平凡的個人及受外界干擾、影響、牽制而呈現四分五裂現象的個人更趨向普遍化、客觀化、明晰化，這就是近代德意志哲學家最大的任務，而徹底推動它的乃是德意志思想。這在文學及音樂領域都是相同的，連藝術家也是把完全客觀的世界架構在「我」這個極其主觀的領域上面。對於德意志人，這個世界上最值得他們信賴且眞實存在的東西，除了精神內在世界以外沒有別的了。

七、行刺希特勒的內心掙扎

希特勒於一九三三年一月三十日經由完全合法的選舉方式躍上政壇，掌握政權，他的才智沒有給人留下深刻的印象，但是，他卻具有一種使德國人，甚至後來歐洲大陸服從他的氣質和能力。他的納粹黨宣傳的德意志民族神聖羅馬帝國的光榮、特殊德意志式的社會主義、德意志大民族主義及純種且優秀的德意志人，在在都是蠱惑人心的神話。他的德意志第三帝國建立之初，的確創造了許多讓德意志人民倍感光榮、可以炫耀的希特勒奇蹟。比如「經濟奇蹟」——在一九三三年尚有六百多萬失業者，到了一九三六年已大致解決了。「外交奇蹟」——收回薩爾邦，成功地進駐萊茵河東岸。掌政後四年，宣布廢除凡爾賽和約，確立了德國是完全獨立自主的國家。就這樣，希特勒成爲超人，德國人對他的狂熱與崇拜似乎失去了理智似的，希特勒專用的「領袖」（Führer）一詞及踢正步、平伸右手的標準希特勒式敬禮風靡了許多德國人，讓很多德國人陷入毫無意義的激情中而不自覺，死心踏地的服從他。當凡是稍有良知的人對其政策提出建議或批評，就會有三個結果等待這些大膽的人，即謀殺、監獄或放逐。那麼世人會提出一個問題，爲何希特勒的政權會從一九三三年一月三十日他上臺持續到一九四五年五月八日，德國無條件投降爲止？箇中原因在於希特勒網羅了一批優秀的人才。這些各領域、各行業的精英分子可都是對他宣誓過「榮譽、領袖、忠貞、服從」的誓言。

希特勒提出給予德國人民生存權利及生存空間，即意味著侵略占據他人的土地；一九三九年九月開啓戰端，進軍波蘭，其閃電戰術攻無不克，希特勒所獲得的「勝利的奇蹟」似乎仍繼續著，但是在一九四二年二月的史達林格勒包圍戰後，奇蹟終於不再發生了，納粹德意志走上敗亡之路。早在一九三八年希特勒以替德國人爭取「生存空間」名義入侵捷克時，他的將領中有多人後來看到他的瘋狂屠殺行爲及他的政策將會使德國人民陷入萬劫不復的悲劇時，他們已在思考如何排除希特勒。此時，這些有識之士陷入道德兩難、天人交戰之中：根據日耳曼人的傳統習俗，日耳曼人有忠於氏族及領袖的觀念。一個人出生在哪一個家族中，這是與生俱來的，無法選擇的，但他的領袖卻是他自己後來選擇的。當一個領導人打算進行某一突擊或襲擊時，他會對追求冒險的勇敢青年發出號召，自願追隨他的武士與這首領組成一個「戰友團」，即是「同志社」的意思。領袖供應同志武器與衣糧，以及對外戰爭和擄掠的機會；而同志們在榮譽、忠誠、勇敢及服從的誓言下日夜追隨其領袖，發展新的事業。

作戰時，聽從領袖的號令，並對領袖效忠，必要時，應爲其領袖而犧牲，否則將終其餘生而蒙羞，可舉一例以茲佐證。

這些武士的美德在日耳曼民族大遷徙時，有一首膾炙人口的《喜爾德布蘭德之歌》（*Hildebrandlied*），敘述武士的榮譽與勇敢之美德：喜爾德布蘭德是東哥德（Die Ostgoten）國王狄特里希・馮・伯恩（Dietrich von Bern）的侍臣。在動亂時，年輕的喜爾德布蘭德受羅馬方面的逼迫，逃到匈奴人那裡。三十年後歸來，他的兒子不但不認他，反而誣他是匈奴人，並向他挑戰。父親幾經掙扎，但英雄榮譽感終於戰勝了父子之情，最後以父親殺死兒子的悲劇收場。這一傳說流傳了好幾世紀，民間口耳相傳，具有純樸的民族性質。兒子表現的是具有強烈的民族感情，父親則是表現了日耳曼民族的驍勇善戰，在挑戰面前不得表示懦弱。

希特勒的眾多將領中，不乏優秀的人才，而起來反抗的也爲數不少；當中最孚眾望、聞名遐邇被英國封爲「沙漠之狐」的陸軍將領隆美爾（**E. Rommel**，一八九一至一九四四年），替希特勒在北非及西線立下不少汗馬功勞，於一九四四年加入反抗組織，在行刺希特勒行動失敗後，希特勒給他兩種選擇，接受人民法院審判或自殺。隆美爾選擇自殺。一九四三至四四年，德國已呈現敗象，激勵著軍隊和政府中的反對派投入反希特勒的行動。特雷希科少將（Henning von Tresckow，一九〇一至一九四四年）在東線作戰，於一九四一年聚集了一些軍官，密謀行刺希特勒，一九四三年的行刺失敗後，將領們認爲得再接再厲地行動，因爲在這段時間已經有許多共謀者被捕。

貴族出身的施道芬柏格上校（Claus Graf Schenk von Stauffenberg，一九〇七至一九四四年）在初期戰役捷報頻傳時，對希特勒留下深刻的印象，後來洞悉希特勒的侵略政策，並在被占領的東戰線，親眼看見黨衛隊大舉屠殺婦孺，一九四二年起他決定進行積極反抗。一九四三年四月，他在北非作戰時受重傷，一隻眼睛瞎了，一隻手鋸掉了，另一隻手只剩下三個手指。一九四三年十月起任陸軍指揮部參謀長，並爲分散的反抗集團積極推動行刺希特勒的計畫。一九四四年七月一日，他調任爲德軍後備軍團的參謀長，因要向希特勒當面報告兵員的補充情況，遂有機會經常出入德國統帥部。一九四四年七月二十日上午，又一次從柏林被召到希特勒在靠近俄國前線的拉斯滕堡（Rastenburg）會報兵員補充情況。拉斯滕堡警衛重重，戒備森嚴，被稱之爲「狼穴」。要在這裡謀殺希特勒極爲困難。但施道芬柏格認爲只有在這種意想不到的場合進行刺殺，成功的可能性最大，所以這次他早就計劃周詳，胸有成竹地去了。

他來到了狼穴，在那裡見到了正在等他的最高統帥部長官凱特爾元帥（Wilhelm

Keitel，一八八二至一九四六年）【33】。凱特爾告訴他，會見的計畫有變，必須提前進行，而且時間只有十分鐘。這個突如其來的變化打亂了他的周密計畫，因爲他的公文包內正裝著一枚烈性英製炸彈，要在這麼短的時間將炸彈放在恰當的地方，而且還要適時引爆它不是件容易的事。但施道芬伯格不動聲色地跟著凱特爾來到希特勒的作戰簡報室。此時希特勒正在聽取參謀長報告前線戰況，兩眼直盯著擺在大桌子上的地圖，沒有注意到進來的兩人。此時施道芬柏格對凱特爾說：「我把皮包和皮帶忘在接待室了。」隨即走進接待室，趕緊捏碎了裝著腐蝕液的引爆玻璃小瓶，炸彈將在十分鐘內爆炸。他若無其事地夾著皮包回到辦公室，此時希特勒仍然專心聽著參謀長的報告，施道芬柏格立即將裝著炸彈的公事包放在地上，還「無意」地將皮包踢向希特勒的座位下。誰也沒注意他的這個舉動，戰況會報還在進行，他悄悄地溜出去了。他在外面計算時間，「轟」的一聲巨響，他認爲希特勒必死無疑，便機敏地越過三道崗哨，乘飛機回到柏林。

遺憾的是希特勒並未被炸死，因爲有一個參加簡報的人奉命來收桌上的地圖，發現有一個皮包擋住了他的去路，便不經意地挪動了一下，這一挪動，使他自己成了希特勒的替死鬼。爆炸只是使希特勒震動了一下，兩耳暫時失去聽覺。希特勒逃過了這次暗算，一九四四年七月二十日下午他還帶領義大利獨裁者墨索里尼（Benito Mussolini，一八八三至一九四五年）參觀爆炸的地方。當天晚上，施道芬柏格和其他三名軍官在柏林被槍殺，其他直接或間接參與密謀者，不是被迫自殺，如隆美爾、特雷希科和貝克[34]等人，就是被希特勒逮捕，交給恐怖的人民法院及其暴戾的院長弗萊斯勒（Roland Freisler，一八九三至一九四五年）審理，大約有二百名反抗組織的成員及其家族被殺[35]。凡與七月二十日暗殺行動有關的人，估計有七千名被逮捕，到一九四四年底共判處五千二百件死刑案例。至一九四五年戰爭結束時，那些企圖關閉集中營、撤銷祕密警察和黨衛隊，尋求與西方國家締結單獨和約的謀反者，有上千人或被處決，或被處以在掛肉鉤上吊死，弗萊斯勒因此得到「血腥法官」的罵名。

八、納粹黨黨徽在臺灣

希特勒於一九一四至一九一八年第一次世界大戰時，志願從軍；在西戰線擔任傳令兵，曾多次受傷，並於一九一八年十月在英軍的瓦斯攻擊中受傷，有一陣子眼睛曾失明。在一九一九年九月以慕尼黑帝國軍隊最受信任的人之身分，黨號五十五加入「德意志工人黨」（Deutsche Arbeiterpartei）。一九二〇年該黨改稱爲「德國國家社會主義工人黨」（Nationalsozialistische Deutsche Arbeiterpartei）簡稱「國社黨」（NSDAP）。把希特勒的德國國家社會主義工人黨稱爲「納粹黨」，仍是根據國家 **Nation**，社會主義的 so**zi**alistische 縮寫詞 Nazi 音譯的。

希特勒的名字在德國近代史上是德國人心中永遠的痛，德國人很不願意提到他。我們熟讀歷史，也知其人其事。如果要引用他的名字當廣告用詞的話，似乎要格外小心。因國情不同，如不妥善處理的話，勢必引起喧然大波。在文化大學附近的一家賣飲料的商店，招牌寫著「吸特樂」（Hitler），它的宣傳效果是正面的。商家無非是想到德文中譯的諧音，意味著他們的冷飲店供應各種口味的飲料，享受吸食飲料不同口感的樂趣。這樣的招攬顧客的宣傳手法，可說達到某種程度的效果，博君一燦。

與此相反的是同樣打著希特勒的招牌，卻引起軒然大波。有臺灣某知名電器公司引進德國品牌的電暖器，在推銷其品牌打廣告的時候，打著希特勒的招牌，用希特勒的形象來推銷其產品。卻引來騷動，抗議聲不息。廠商將希特勒比著大姆指並指向此電暖器的漫畫圖片刊登在臺灣包括英文的各大報紙上。報紙一出爐，不但引起德國駐臺各單位嚴重的抗議；很多在臺灣的德國人閱報見此廣告也一片嘩然，心中頗爲介意。據廣告商的聲明，他們的用意只是想借大家都認識的希特勒其強大的形象，來突顯德國製電暖器的保暖度經久耐用而已，沒有其他含義。這件事後來以廣告商撤銷此廣告，息事寧人。

無獨有偶，有一年的臺灣中學夏令營，五、六位高中生穿著納粹軍服，配戴勳章、帽子等一應俱全地去報到，經報紙批露，引起以色列駐臺單位強烈的抗議，外交部副部長只好親自登門道歉解說，才平息風波。

另外一件事例是納粹黨的標誌記號卐，係傾斜倒置的佛教萬字記號卍，希特勒將它移植爲黨徽。德國人來臺灣遊覽，在各處廟裡及有些建築物的外牆都見此記號，乍看之下，非常錯愕，且不甚高興，經過解說這個記號在臺灣的含義及用法，方釋然。這幾個例子突顯出如果對德國人的歷史感情認識不清楚的話，是會惹禍的。

在西藏的問候語是「扎西德勒」，導遊對臺灣的觀光團說，如果記不起來的話，就用「扎希特勒」來記，不免令人莞爾。

九、德國製造——從貶到褒

我們購買商品時，一定都會精挑細選，當然也會檢視它是哪裡製造的，一般都會標示原產地或製造國。時下都已約定俗成的採用英文標記，比如 Made in Japan（日本製）、Made in U.S.A.（美國製）或 Made in Taiwan（臺灣製，簡稱 MIT）。

那麼「德國製造」，從還未統一之前的「德意志聯邦共和國」俗稱「西德」的「西德製造」（Made in West Germany），到目前的「德國製造」（Made in Germany）這三個英文字，它無非意味著德國是一個現代化、高效率，所製作出來的東西絕對是品質優良、信用可靠。直到目前，比如在臺灣最耳熟能詳、為人所稱道的汽車，從福斯（Volkswagen）、保時捷（Porsche）、歐寶（Opel）及合稱雙B的轎車。國人莫不以擁有德國製的汽車為榮。筆者的一位朋友向本人敘述如下的經歷：他開一輛普通的汽車到工廠洽事，接見者漠然以對。當下一次他改開賓士時，接見者的態度轉為熱絡殷勤。德製賓士車的魅力可見一斑了。

德國製的商譽不僅獲得曾經使用過者的普遍認可及肯定，更是世界公認的優良產品；連德國人也引以為榮，筆者於四十多年前在德國留學時，有一天，一位德國同學以大驚小怪的語氣對本人說：「妳知道嗎？柯斯特（Köster）教授不再開 Volkswagen 了，他改開 Benz 囉！」然而這個眾口鑠金，被公認爲「品質保證」的一個代名詞，一開始，其品牌是被嘲笑貶低的。源由是在工業革命發生時，德國尚未趕上腳步，其科學、技術還甚落後，尚未從農業社會轉變爲工業社會。德國將自己製造的棉紡織品銷售到英國去，品質尚比不上英國精緻美麗的紡織品。英國人一看，簡直是劣等貨，於是把市場上從德國來的商品一律貼上「德國製造」的標籤，其用意非常明顯，就是提醒消費者，免得在市場上買到他們認爲的劣等貨。

今日，德國出口的商品種類繁多，並且迅速地遍及全世界，都是貨眞價實的德國技術、德國製造。現在，「德國製」成了製作精巧和質量優良的標誌了。世人莫不在問：德國是怎麼辦到的？

十、金龜車的誕生

德國汽車舉世聞名，像賓士、保時捷、歐寶及ＢＭＷ[36]等，都是大家耳熟能詳的。除了這幾款名車外，還有一款車子，它的出現也許很多人不知道，它是如何橫空出世的？不！應該說它是如何誕生的。而催生它展現在德國人面前的，竟然是希特勒。

希特勒這個民族主義的狂熱者，他特別喜愛 das Volk（人民、民族、國民）這個詞彙[37]。他對德國人說：「亞利安族是世界上最優秀的民族，我要爲你們大家爭取足夠的生活空間，我要人人都擁有自己的車子，我將要爲你們製造一種大家都會有的「國民車」（Volkswagen，即 Volk＋Wagen（車子））」，簡稱ＶＷ，車的標誌是這兩個字母上、下重疊，並用圓圈框起來的Ⓥⓦ。

一九四三年，希特勒委託汽車工學的天才，奧地利籍的裴迪南・波爾歇（**Ferdinand Porsche**，一八七五至一九五一年），他根據希特勒的下列條件設計廉價的國民車。

1. 有四到五個的座位。

2.汽油耗油量每一百公里在七公升以內。

3.在高速路上能持續高速行駛。

4.修繕費減至最低限度。

5.引擎務必要用空冷式。

波爾歇率領一批優秀的機械工程人才，絞盡腦汁，符合領袖的要求，這期間他也設計跑車和裝甲車。一九三九年德國進攻波蘭（Polen），第二次世界大戰正式爆發。波爾歇將ＶＷ的空冷式引擎挪用到戰鬥用的小型車上。不像水冷式的其他種車型，平常一爬坡就氣喘如牛，呼叫喧嚷，從冷卻器中冒出水氣來。拋錨的時候，需加上不凍液於冷卻器上，還需要敷上毛巾保護，而且要不時灌水，引擎才能發動。而造型像金龜子的國民車，被暱稱爲金龜車，它不需要散熱器與水的引擎，拋錨時，金龜車能一發即動。

金龜車不管在冰天雪地的北歐，以及在有「沙漠之狐」美譽的隆美爾將軍指揮下的非洲戰線，都能發揮著恰到好處地展開實地的行動。因此，有關金龜車橫過沙漠、跨越冰地的傳說就這樣逐漸傳開來，因此，變成一種現代神話。

戰後，波爾歇重新籌組他的公司，並將重點放在設計和建造一系列的跑車。國際賽車比賽以他的名字命名的車款，臺灣譯爲「保時捷」，也是賽車選手的首選。而臺灣各城市都可以看到「福斯汽車」的代理商店。之所以譯名爲福斯，是將 Volks 這個字的K音不讀出來。

十一、葛倫迪希的推銷術

一九四五年德國戰敗，一片廢墟。年輕的葛倫迪希（Max Grundig，一九〇八至一九八九年）發現當時德國人處於「信息荒」，國民無不迫切地想要獲得信息。他以賣收音機為業，可是，當時在聯軍占領下的德國，不但禁止製造收音機，連銷售收音機也是違法的。

他於是想出一個方法，將組合收音機的零件、線路等必須用件全部準備好，附上組裝說明書，一盒一盒以「玩具」名目賣出，讓顧客動手組裝。這一推銷術果然湊效，一年內賣掉了幾十萬盒。奠定了前西德及歐洲最大的娛樂電子企業。葛倫迪希於一九四八年創立以他為名的電子器材公司，目前總部設在福爾特（Fürth），一九七〇年他將公司的資產以他的名字成立一個信託基金（Max-Grundig-Stiftung）。

十二、德國科學

㈠瑪格德堡半圓球

葛利克（Gericke, Otto von，一六〇二至一六八六年，原姓 Guericke，一六六六年起改為 Gericke），生於瑪格德堡（Magdeburg），是德國的自然科學家和政治家。他多次公開用實物示範的物理實驗使他聞名遐邇。一六五〇年前他已發明了打氣筒，將鍋爐的空氣抽出，證明了聲音在眞空狀態不能擴散，一根蠟燭也不能燃燒。一六五六年，葛利克設計製造了一個證明大氣是有壓力的圓球，他命名為瑪格德堡半圓球。

一六六三年他在大公爵佛利德利希・威廉（Friedrich Wilhelm）的宮庭廣場上做公開的試驗。這個實驗是因科學界圍繞著空氣是否有壓力的問題爭論而舉行的，葛利克找來十六匹驃悍精壯的駿馬，將馬分成兩群，每八匹一邊，中間是一個銅做的大圓球，哨聲一響，兩邊的馬像拔河一樣，從相反的方向使勁拉著那個由兩個半圓球合而為一的銅球。一分鐘、二分鐘……五分鐘都過去了，十六匹烈馬使著吃奶的力氣往兩邊拉，卻分不開兩個半球合在一起的銅球。兩邊的馬拼命喘著粗氣，再使勁地拉，僵持著，突然「砰」地一聲大響，銅球被分成兩半了。在場觀看的人無不目瞪口呆，感到十分驚奇。

葛利克表演成功了，這個「半球」試驗充分向人們證明大氣不僅有壓力，而且它的力量大得驚人！葛利克表演時所用的那兩個半球做得很精緻，合起來不會漏氣。表演前，他先在球中裝水，然後把球中的水全部抽出來，再把口密封住，這樣銅球內幾乎變成眞空了。由於大氣中存在著驚人的壓力，眞空銅球受到大氣壓力後，以致要用幾十匹馬力才能把兩半的圓球分開。

也許有人要質疑，既然大氣壓力這麼大（每個人身上要承受二十多噸重的大氣壓包圍），那我們平時怎麼很輕鬆，絲毫沒有任何感覺呢？原來，空氣是從四面八方包圍著一件東西的，它的壓力也是均勻地從四面八方壓向同一物體。我們人的身體幾乎是和外界相通的，身體內部也有空氣，也有壓力，這個由裡向外的壓力和外界的壓力平衡，互相抵消了，所以我們身體就不再覺得受到壓力了。

(二)高斯巧解算術題

高斯（Carl Friedrich Gauß，一七七七至一八五五年）是德國偉大的數學家。從小他就是一個愛動腦筋，對數學相當感興趣的聰明孩子。

在上小學時，高斯就顯露出數學的天分。有一次，一位老師想治一治班上調皮搗蛋的學生，他便出了一道算術題，讓學生從 1+2+3+4+5⋯一直加到 100 爲止。他想這道題足夠這些學生算上半天的，他也可以趁此休息個半天。誰知，出乎他的意料，只不過了一會兒，小高斯就舉起手來，說他算完了。老師一看 5050 的答案，驚訝地說不出話來，問小高斯是怎麼算出來的。

高斯說，他不是從頭按照 1, 2, 3⋯數字逐個遞增加到末尾的，而是先把 1 和 100 相加，得到 101，再把 2 和 99 相加，也得到 101，3 和 98 相加也得 101，……依序下去到 48+53 也得 101，49 加 52 也得 101，最後 50 和 51 相加，也得 101，這樣一共有 50 個 101，50×101 結果當然就是 5050 了。老師大大地佩服，誇獎了聰明的高斯一番。

高斯是德國的數學家、天文學家和物理學家。他奠定近代的數字理論，推導出新方法，確定行星軌道的運行，進行有關平面曲面的基本探討，他和專精電磁學的威廉・韋伯（Wilhelm Weber，一八〇四至一八九一年）[38]密切合作，於一八三三年共同研製出第一架電磁電報機。無數個針對橢圓作用的理論和針對非歐幾里得幾何學的理論研究都是出自高斯之手，還有數學領域的「高斯平面」（Gaußsche Ebene）。爲紀念這位偉大的數學家，兩德統一後，一九九〇年新印製的十元馬克鈔票上即是高斯的畫像。

㈢龍特根射線

十九世紀與二十世紀的世界人口「爆炸」，近代醫學的成就是一個直接的原因。其中X光的發現在醫學領域是一項大突破。

德國物理學家威廉・康拉德・龍特根（Wilhelm Conrad Röntgen，一八四五至一九二三年）於一八九五年在試驗稀薄的氣體經由電子的通道產生光線時，偶然發現X光透視線。當時，他正用一個嵌有兩個金屬電極的放電管做陰極射線試驗。在試驗中，他偶然發現當放電管一通電時，放在靠近實驗臺上的塗青亞鉑鋇紙板就會出現螢光。他把紙板移到離放電管二米遠的地方，再將放電管通電，紙屏仍有螢光。他十分驚訝，並決定進一步做試驗。他用一塊黑色的厚紙板遮住放電管，結果螢光仍出現在紙板上。龍特根非常高興，繼續做試驗，發現這束奇怪的光可穿透紙板、衣服，甚至厚厚的書本。

他想可否用人體來做實驗，看看光線能否穿透人體。他到處求人來當他的試驗品，結果沒有人肯答應，迫不得以他央求他的妻子幫忙。妻子只肯以手放在電管前，結果手的骨骼影像清晰地顯映在螢板上，甚至連手指頭上戴的藍寶石戒指紋路也清晰可見。龍特根高興極了，他發現了一種新射線。這種射線肉眼看不見，但穿透力很強。這種新射線沒有名字，因爲X常用以表示未知的人、物或數量的符號，所以龍特根就叫它X射線，後來人們以他的名字稱其爲「龍特根射線」（Röntgenstrahlen）[39]，英語的譯音爲「倫琴射線」。

之後，龍特根又做了進一步的研究，創立了一門新學科——放射學。放射學在醫學上的應用即X光透視，直到今天，它爲我們提供健康診斷，造福人類。龍特根巨細靡遺地描述這種射線的特性，也由於這項發現，他是一九○一年第一個獲得諾貝爾物理獎的科學家。

十三、德國式的嚴謹

㈠瑕疵

有一天，外科醫生費迪南・紹爾布魯賀（Ferdinand Sauerbruch，一八七五至一九五一年）去找柏林畫家馬克斯・李伯曼（Max Liebermann，一八四七至一九三五年）。他想要一幅自畫像。李伯曼接受這項委託並開始工作。時間過得好慢哦！紹爾布魯賀一再地看著手錶。他已經坐了兩個鐘頭，心想我這麼坐著讓你畫，該結束了吧！但是他還必須要繼續坐著。這又持續了很久，因爲李伯曼非常仔細地畫著。這外科醫師惦記著病人，他漸漸地失去了耐性。

他當了李柏曼十一次模特兒之後，終於說話了：「我親愛的李伯曼，眞是見鬼了，這東西到底什麼時候可以完成？」李伯曼只是笑著。「這眞的沒有其他的辦法，我的朋友」，他安靜地回答。「您看：您也只是一個人，您也會犯錯。但是您的錯誤馬上鑽到地底下。然後人們再也看不到它了。我的錯誤可是與此相反的，人們至少一百年內還會看見掛在牆壁上的錯誤！」

李伯曼是德國的畫家和版畫家。是印象主義畫派重要的代表者。曾在柏林及威瑪學畫。早期的作品，以工作中的「人」爲主題，是他曾於一八七八至八四年在巴黎受庫伯（Gustave Courbet，一八一九至一八七七年）及米勒（Jean-François Millet，一八一四至一八七五年，名作有「拾穗」）的影響。一八八四年起多次到荷蘭（Holland）遊歷並居住，畫出有他個人風格的印象主義作品，並塗以濃厚的顏料，呈現動感的畫作。

而紹爾布魯賀則曾任教於瑪爾堡（Marburg）、蘇黎世、慕尼黑和柏林大學。專精胸腔外科學；除此之外，他研製出新式的手臂和前臂義肢（俗稱紹爾布魯賀手）。一九五一年他的自傳《這曾是我的一生》（*Das war mein Leben*）出版。一九五四年被拍成電影。二戰結束後，他留在東柏林，接掌新成立的德意志民主共和國衛生部，擔任部長一職。

㈡關乎生死的考試

在柏林曾經有一位令學生害怕的醫學教授。如果他是下一個考試委員會的主席的話，那就會是一場大騷動。因爲他是以出最難的問題聞名的，如果一個考生回答的不是這位教授希望聽到的話，他常常會讓這個考生不及格。但是如果一個考生在他那兒通過考試的話，那考生大可不必爲他的將來擔心了，因爲沒有一個醫生能比從這位教授那裡通過考試，得到教授所寫的推薦函更好的事了。

這天，教授又再舉行一次考試了。考生坐在考試委員前面，有點緊張和害怕地看著這位向他提了簡短，但是困難的問題的教授。首先，教授讓這位考生描述一種固定的疾病。當這位考生正確地說出疾病的症狀時，教授問這種病要給什麼樣的藥劑。這個問題考生也答對了。「好」，教授說道，「那您要給這位病人多少這種藥？」「滿滿的一湯匙，教授先生。」是學生的回答。

當考試委員們在討論要給考生多少成績時，考生必須在考場的門前面等待。這時這位考生突然想起來，他犯了一個錯誤，滿滿的一湯匙太多了！他緊張地打開考場的門並喊叫著：「教授先生，我弄錯了！滿滿的一湯匙對病人而言太多了。他只可得到五滴！」「我很遺憾，」這位教授簡單的說：「這位病人已經死掉了。」

十四、德國式的幽默

㈠愛因斯坦姓「一塊石頭」

德文姓氏來源分類可說千奇百怪，令人眼花瞭亂。根據姓氏來源考證，德文的姓氏及名字讓人匪夷所思，不禁令人莞爾。例如赫赫有名的大科學家阿爾伯特・愛因斯坦（Albert Einstein，一八七九至一九五五年）的名字即是一例。

按 Einstein 源自猶太語，類似的尚有如 Silberstein（直譯爲銀石）及 Goldstein（直譯爲金石）。愛因斯坦於一九〇五年提出「相對論」（Relativitätstheorie），並於一九二一年獲得諾貝爾物理獎。愛氏一九〇二至〇九年任職於瑞士伯恩的專利局，之後擔任蘇黎世和布拉格（Prag）大學的理論物理教授。一九一四年擔任在柏林的皇家威廉（Kaiser Wilhelm）學院的主任。希特勒掌權後，被迫於一九三三年流亡美國，並於一九四〇年取得美國籍。

愛氏任教於普林斯頓（Princeton）大學物理系時，有一天，當他走進教室時，看見講臺上面放著一塊大石頭，他起先愣了一下，後來不禁笑了出來。此時，課堂上爆出一陣鼓掌聲。（按：這是美國的大學生以「愛因斯坦」這個名字玩的一則啞謎）。這是將 Einstein 這個字拆開成爲兩個字時，ein 是德語的一個不定冠詞，意即一個、一張、一塊、一片等之意。而 der Stein 則是「石頭」之意。故學生們開玩笑將音譯的「愛因斯坦」拆成兩個德文字，轉換爲意譯的「一塊石頭」。

(二)愛因斯坦和他的司機

赫赫有名的大物理學家愛因斯坦有位聰明伶俐、機智靈活、記憶力特別強的年輕司機。

愛因斯坦的「相對論」發表後，舉世震驚。他因此被四處邀請去演講。他的司機多次載他去演講，多日下來的奔波，愛因斯坦的身體不堪負荷。一日，他乘著汽車要到某大學演講時，途中，忽然感到頭暈眼花，心想，體力難以應付這場演講了。他的司機從反光鏡中發現他的臉色不對，便停車問他怎麼了，又用手一摸，發現愛因斯坦在發高燒。便說：「不行，您得去醫院。今天這場演講取消吧！」

愛因斯坦認爲不妥，即使不去演講，也得前去道歉說明情況。不過，他心裡還是很想演講。司機知道愛因斯坦的脾氣，但是他那病兮兮的模樣，是上不了講臺的。突然，他靈機一動，說：「既然先生執意要去，我不勉強。可是這場演講由我來代勞。」愛氏嚇了一跳，詫異地問：「您能勝任這工作？」司機笑了笑說，「您的演講，我反覆聽過三十多次了，簡直可以倒背如流，不信試試看，反正那兒的人又不認識您。」愛氏同意了。

司機果然沒有吹牛，他在臺上的演講精彩極了，聽眾報以熱烈的掌聲。然而當司機剛要走下講臺，一位教授走過來，提了一個十分深奧的問題，請這位「愛因斯坦」博士回答。司機對這個提問一無所知，愣了一下，腦袋瓜一轉，輕鬆地笑著說：「這個問題太簡單了，連我的汽車司機也能回答。不信的話，您去問問他。」說完，他手指向坐在前排椅子上正在休息的愛因斯坦。愛氏開心地笑了，他用了幾句話，簡潔、透徹地解答教授提出來的問題。結果，教授驚呆了。

㈢烏代特自我解嘲

有一次，柏林空軍軍官俱樂部舉行盛宴招待空戰英雄，主客是有名的烏代特

（Ernst Udet，一八九六至一九四一年）將軍。敬酒時，一位年輕的士兵不慎將啤酒淋到了將軍光亮的禿頭上，這士兵嚇得魂不附體，手足無措，全場人士目瞪口呆，鴉雀無聲，靜待這一幕的後續發展。

在這令人尷尬的場面，烏代特將軍對著渾身顫抖的士兵笑著說：「老弟，你以爲這種治療會有效嗎？」說完時，全場爆出一陣大笑聲，難堪的局面立刻被打破了。

烏代特的話，只不過是一句自嘲之語，但與人們的緊張心情，特別是當時那種凝重、肅殺的氣氛形成了鮮明的對比，於是便衍生出一股濃濃的幽默感，適時產生出化解難堪局面的良好效果。

這位希特勒的將領生於濱美因河畔的法蘭克福（Frankfurt am Main），是個傑出的飛行員，曾參與第一次世界大戰；一九二二年在慕尼黑設立一間飛機製造廠，在一九二〇年代左右以其高超的飛行技術聞名德國。一九三五年被任命爲帝國空軍部的部長，一九三六年被任命爲空軍部的技術主任，一九三八年擔任空軍將領；他自認爲應該對空襲英國的失敗負起責任，所以一九四一年於柏林自殺身亡。

德國名劇作家卡爾・楚克麥爾（Carl Zuckmayer，一八九六至一九七七年）寫於一九四六年的三幕劇《魔鬼的將軍》（*Des Teufels General*）即是根據史實，以烏代特爲藍本改寫的。魔鬼當然指希特勒。劇中，烏代特化身爲哈拉斯（Harras）將軍，他痛恨納粹，拒絕參加納粹黨，只是出於對飛行事業的熱愛才爲希特勒工作；但他主管的飛機製造廠不斷地遭受破壞，祕密警察懷疑他是幕後主使者，派人跟監他，但他最後查出破壞者是他的好友。好友向他曉以大義，說他大可向蓋世太保告密，哈拉斯在「軍人職責」——保衛他的祖國，與「良心道德」——助紂爲虐的良心譴責之中掙扎良久。處於這種悲劇性的兩難局面，只有「死亡」才能讓他解脫，於是他登上一架故障的戰鬥機。墜機身亡後，人們報告說哈拉斯是在試飛一架戰鬥機時，因公殉職，於是司令部決定給他舉行隆重的葬禮。

參、德語詞源及典故探究

德意志民族由幾個不同的部族組成，各部族皆有自己的族語。德意志民族內部各部族的方言也甚爲分歧。以巴伐利亞的南部與薩克森的北部爲例，如果南北兩邊的人要溝通，非得靠翻譯人員轉述不可。中古時期，德意志語言仍以方言口語形式爲主，書面德意志語文經長時間演變，至十八世紀才告完成。十六世紀馬丁・路德將聖經從希臘文、猶太文及希伯來文翻譯成德語，是一個極重要的里程碑。

德語一般被公認爲是一種很難學的語言，事實眞相恐怕有待釐清。其實學習德語最忌諱「囫圇吞棗」式的「死讀」、「死記」。相反地，需要洞悉每個字詞的來源及其原始之意義，並且能分析其語法的結構、了解其性質，在遣詞造句時方能運用自如，不致發生偏差。如果掌握這些祕訣，應該不致於慨嘆德文之難學。

一、德語來源

德語（**Deutsch**）係德意志聯邦共和國和奧地利的官方語言，也是瑞士的四種官方語言之一（德語、法語、義大利語及英語），聯合國的工作語言之一。屬印歐語系日耳曼語族西支。分布於德國、奧地利和利希頓斯坦恩，也是瑞士和盧森堡的主要語言之一。此外，丹麥與北德接壤處、荷蘭、比利時、法國的亞爾薩斯、洛林、前蘇聯（現解體爲獨立國協）、波蘭、捷克、斯洛伐克、匈牙利和羅馬尼亞等國的德國移民區，以及美國的賓夕法尼亞州等地也有一些人使用德語。全世界以德語爲母語的人口總計約一億一千多萬人。

德語一詞是怎麼來的？根據歷史的記載，早期三大著名修道院——富爾達（**Fulda**）、聖加倫（**Sankt Gallen**）和雷根斯堡（**Regensburg**）的僧侶用古德語寫作，約公元七八六年在手抄本上第一次出現 **deutsch** 這個字。那麼 **deutsch** 的意思是什麼？這個字不像法國、英國、西班牙和義大利是源自於一個地區的名字。**deutsch** 這個字是眾多歐洲種族名字當中最年輕的一個。這個字最初的形式是 **diutisc**。它的古德文的書寫是從 **diot**（意即屬於種族、民族、同胞）而來。昔日在這一塊德國境內有法蘭克族、薩克森族、巴伐利亞族和施瓦本族、阿雷曼族等較大的日耳曼部族正處於從移動到定居之時，diot 這個字的名稱遂有「我們是同胞，屬相同民族」的意思。diot 這個字歷經古德文、中古德文（diut[i]sch）及近代德文的演變，到十六世紀遂成爲 deutsch 這個字。而後在羅馬史學家塔西吐斯（Cornelius Tacitus，公元五三至一二〇年）的著作《日耳曼誌》（*Germania*，成書於公元九十八年）需要一個代替此字的簡短形式，因此出現 Deutschland 這個字，Deutschland（德國）也就是說 Deutsch 這個語言的所有種族居住的土地 Land；至於 Germanen 人（塔西吐斯這樣稱呼他們）是什麼意思呢？語言學家們也都不知道，也許是帶矛的男人們，也許是鄰居，或許是森林的居民之意思吧！現在的英國人、美國人就稱德語爲 German，法國人叫它 allemand（從 Allemannen 族而來的），德意志語是從日文ドイツ語對應 deutsch 的音譯而來的，而日耳曼語則是從英語的 German 音譯而來的，德國的音譯名即爲 Germany。

德語的進化和一般文明國家都有類似的步驟。德文是由古德文（das Althochdeutsch，七五〇至一〇五〇年）到中古德文（das Mittelhochdeutsch，一〇五〇至一三五〇年），再到早期新德文（das Frühneuhochdeutsch，一三五〇至一六五〇年）

而形成今日各地從一六五〇年以來通用的現代德語（das Neuhochdeutsch），都是經過一連串長久慢慢演變而來的。至於哥德文（das Gotisch，係東日耳曼語，即東哥德人所說的哥德語，現已成一種死的語言而廢棄不用）及古德文現在幾乎是沒有人看得懂，除非他對古德文下過功夫。就如同我國的甲骨文，除非是那些專業大師們了解，一般來說，猶如瞎子看畫。那麼 Deutsch 是怎麼樣的一種語言呢？它是在印歐語系中，屬於原始日耳曼語的支派——西日耳曼語，和英語及荷蘭語都出於同一語源。今天在歐洲一共有九種日耳曼語（germanische Sprache）還被人們使用。除了語源最接近的德語、英語之外，其他的七個是瑞典語（schwedisch）、挪威語（norwegisch）、丹麥語（dänisch）、冰島語（isländisch）、荷蘭語（holländisch）、佛蘭德語（flämisch，比利時的北部說此種語言）、佛里斯蘭語（friesisch，佛里斯蘭群島說此種語言）[40]。

在德國的語言史上，值得大書特書的一件事，即十六世紀的宗教改革家馬丁·路德的「聖經」（die Bibel）翻譯，可說是功不可沒的壯舉。經由他的翻譯統一了德國的語言，因爲昔日德國境內有許多種族存在，猶如我國有漢、滿、蒙、回、藏、苗等之分。其中，巴伐利亞族、施瓦本族及法蘭克族分布在南部，萊茵族

（Rheinländer）、普法茲族（Pfälzer）及黑森族（Hessen）分布在中部，而北部有威斯特法倫族（Westfalen）、下薩克森族（Niedersachsen）、石列斯威—霍爾斯坦族（Schleswig-Holsteiner）以及佛里森族（Friesen）。然而這只是粗略的劃分，各族尚有許多小部族，例如，巴伐利亞尚分爲上、下兩支，就如同臺灣的原住民尚有布農、雅美、泰雅、鄒族、排灣等族的區分。他們的語言也不一樣，昔日有所謂的巴伐利亞土話、法蘭克土話、薩克森土話等，就好比中國有各地的家鄉話：比如福州話、廣東話、四川話、上海話、潮州話、閩南話及客家話等等，五花八門。當一個上巴伐利亞人和一個下薩克森人聊天時，如果他們都用標準德語（Hochdeutsch）交談，那溝通當然是毫無困難的。如果各用各的家鄉話，那就需要借重翻譯先生居間幫忙了，因此可看出德國的方言是出奇的多。因此，馬丁・路德在瓦特堡（Wartburg）花了十三年時間，把「聖經」翻譯成德文（一五二二年完成《新約》，一五三四年完成全部的聖經翻譯）。在翻譯的處理方式，他遵循通俗、明白，能使人民普遍接受的原則，創作了第一部「民眾的聖經」。這部以圖林根（Thüringen）一帶比較統一的公文用語爲基礎，吸收了中東部和中南部方言中的精華，創造了許多新的詞彙。由於路德的《聖經》德語譯本和他的其他著作之傳播，書面共同語開始形成，這即是今日所通用的德語。

二、可怕的德語

「啊！您在學習德語」，或者「哇！您會德語啊！」一般人對於「德語」難學的認知一點兒也不奇怪，德語、俄語和華語通常被主觀地公認爲世界上最難學的語言。

每一種語言都有它的特徵。瑞士作家海英利希・費德勒（Heinrich Federer，一八六六至一九二八年）有一次把德語的本質以一則絕妙的比較闡明如下：「法語是一座高貴的公園。義大利語是一處較大、較明亮又色彩繽紛的森林。但是德語幾乎可說是像一處原始森林，如此地茂密又神祕，看不到出口，然而確有千百條的小徑。在公園不會迷路的，在義大利明亮的森林中也不會這麼容易地迷路，並且不會發生危險的事；但是在德文裡，一個人可是會在四、五分鐘內消失在一處叢林裡。」此段話對德語的形容可謂說得中規中舉、恰到好處。

然而，另外一位大名鼎鼎的美國小說家及幽默家馬克・吐溫（Mark Twain，一八三五至一九一〇年）[41]，曾經以新聞記者的身分於一八六七年到過歐洲，因償債需要而又兩度（一八九一至九五年及一九〇三至〇四年）赴歐洲巡迴演講，出版了一本遊記《馬克・吐溫逛歐洲》，他極具誇張地說：「一個人要學會英語只要三十天就夠了，要學法語的話，三年可學成，如果要學德文那可就要花三十年了！」這樣說，未免言過其實了。那事實的眞相如何？德語眞的這麼恐怖嗎？

我們先冷靜下來，從理性的角度來看，世界上有二千九百七十六種語言[42]。也即意味著有二千九百七十六種「語法」。語法並不是「先天」的，也不是「與生俱來」的，而是後人根據前人的文字用法，經年累月總結出帶有普遍規律性的「語法」。所以例外是「永恆」的，是「數不清」的。「語法」這個術語是指對語言中存在的規則性和不規則性所作的概括描述。因此，每一個民族或每一個國家的語法都各有其獨特性。在日換星移的歷史長河中，逐漸形成和發展的語言，總是打上自己歷史的、民族的、國家的烙印，擁有它自己的特色，而且還想代代相傳，保有自己語言的一些個性和特點。

我們知道漢、德語分屬於兩種不同的語系，漢語屬於漢、藏語系，德語屬於印歐語系，係兩種截然不同、背道而馳的語言。從漢、德語的詞類做一個比較，可以發現漢語沒有冠詞，德語沒有助詞。因爲漢語是字形、字音、字義三者合而爲一，融合在一起的無詞尾變化語言，而與之完全背道而馳的德語卻是詞尾變化繁複的語言。從詞類來做一個比較，我們看到德語的冠詞、代名詞、數詞和名詞皆不可提高級位，只有形容詞可以提高級位（指形容詞或副詞原級變成比較級或最高級）。可變格位的詞類是指冠詞、名詞、代名詞、形容詞和數詞。它們必須與三個性別（陽性、陰性、中性）、二個數別（單數、複數）及四個格別（主格、物主格、間接受格、直接受格）搭配使用。可以變位的是指動詞的變化有五種因素，即動詞的使用需要考慮：1.二個語態（主動態和被動態），2.三個語氣（直陳語氣、命令語氣、虛擬語氣），3.六個時態（現在時、過去時、現在完成時、過去完成時、未來時、未來完成時），4.二個數目（單數、複數），5.三個人稱（自稱、對稱、他稱）。此外，尚有兩個動詞式態亦與名詞的變化有關；即不定式與分詞式（分成一、現在分詞二、過去分詞）。

既然知道德語的文法有變格與變位，因此，在學習上就要注意了。以動詞的變化為例，有三個人稱、二個數目、六個時式、二個語態及三個語氣，以上的數目相乘起來（3×2×6×2×3），竟有二百一十六個變化。這當然是個純理論的數目，實際上用的不過四十來個。但這四十幾個也無法僅運用記憶力來解決，必須對於動詞變化的道理徹底了解之後，才能正確無訛的運用動詞的各種形式。

還有德語的「框形結構」（Tendenz zur Rahmung）是德語句法的特徵。所謂框形結構，一般指謂語分成兩部分，第二部分位於句末。由於第二部分的動詞置於句末（還得兼顧有二部分、三部分或四部分動詞的排列順序），因此，有一則關於德語動詞在句子中後置的笑話：有一位懂德語的觀光客和一位不懂德語的朋友，一起參觀科隆大教堂。導遊每解釋一處事蹟，懂德文的人就逐句翻譯給他的朋友聽。到後來，他就不翻譯了，不懂德文的朋友催促他快點翻譯出來讓他知道導遊在介紹什麼，那知這位懂德文的竟然回答：「稍安勿躁，等到導遊把動詞說出來，我再翻譯給你聽。」這當然在指動詞離主詞及擔任分析理解用的主句其他成分有多遠，但這只是誇張的說法。馬克・吐溫在一篇《可怕的語言》[43]一文，簡直痛快淋漓地笞打德文一番了，舉幾個例子來博君一笑。他說：冠詞很荒唐，置於名詞前面的性別，要確定名詞不僅沒有意義，而且也沒有規則可言，在德語中，一位小姐是沒有性別的（按：das Fräulein），而一顆蘿蔔是有性別的（按：die Rübe）。因此有人會誇張的敬重蘿蔔，另一方面會輕視厚臉皮的小姐。下面這段簡短的對話倒是很傳神：威廉，蘿蔔在哪兒？——「她」到冰箱裡去了。那個有教養的、漂亮的英國姑娘在那兒？——「它」去看歌劇了。他又指出德語的例外多於規則，他說：你以爲已經掌握了某一個語法規則，可是不久你不得不發現規則的例外比符合規則的例子更多，於是你又回到了原來的混沌狀態，不知阿勒山（Ararat）[44]在哪裡，不知流沙在何方。更誇張的是馬克・吐溫對德文動詞後置及關係副句的描述，他說：動詞離讀者分析理解用的主句其他成分有多遠啊。在某張德語報紙上，有人甚至把動詞遠遠地放到下一頁版面上，以致於使有些讀者由於時間緊迫，不得不根本放棄去看那個動詞。還有，德語語法中充滿了可分離動詞，它們分成兩半，一半放在句首，另一半放在句尾。人們可以將德語中的關係副句或帶括號和不帶括號的插入語蒐集起來，寫在成串的紙條上，這些紙條可以捲啊捲的成一綑圓形椅子讓人坐到上面去。對於形容詞，他說：德國人一旦有一個形容詞到手，就會不斷地將它一直變化呀變啊變到讀者的正常理解完全徹底地崩潰，其可惡程度絲毫不亞於拉丁文。

馬克・吐溫無厘頭的諷刺雖然突顯出德語的「特色」，但並不減低或貶損德國人對自己母語的熱愛。一九七二年諾貝爾文學獎由海英利希・鮑爾（Heinrich Böll，一九一七至一九八五年）獲得，這是戰後相隔二十六年之久後，德國人才又獲得此一桂冠。鮑爾在頒獎致答詞時，最後以感性的語調說：「我不是一位唯我獨尊的人，也不是毫無獨立性的人，我是德國人。我擁有無須別人頒發，也無須請求延長，給予證明的德國人身分，並且以德文從事寫作。作爲這樣的一個人——一個德國人，我爲獲得這項重大的榮譽感到欣喜。對頒授這項榮譽的瑞典學院及瑞典這個國家，表示感謝。這項榮譽，不僅是給了我，也給了我用來表達的文詞，以及我是它的公民的國家。」

筆者在此要對本篇文章下一個結論：德語語法的複雜性就是其特性和個性的體現。不管怎麼樣，我們既然已選擇了學習「德語」，甚至決定與它「終身相伴」，那就只有一條路：釐清德語的脈胳規則，想方設法學好它、掌握它。筆者記得有一次由臺北的德國經濟辦事處在麗晶酒店舉行德國統一屆滿十週年慶祝活動，筆者受邀與會。與一位德國官員攀談起來，當他知道筆者教授德語時，大爲感興趣，談起母語是漢語的人若要學習德語時，會遭遇到什麼問題。當筆者抱怨德語的語法規則太多，定冠詞性別難記，形容詞大小寫也很難掌握等等時，沒想到他仔細傾聽了以後的回答，竟是出人意料的：德語是一種邏輯語言，它是有系統的，請您慢慢的思考，您會明白的。筆者寫出本文的用意，就是要規勸大家，「明知山有虎，偏向虎山行」、「知難而進」，拿出勇氣與恆心，激勵大家學好德語。

三、馬丁・路德對德國的貢獻

德國統一前的一項民調問的題目：「哪一位德國人對德國的貢獻最大？」年年的答案幾乎一成不變的是「馬丁・路德」。直到二十五年前德國統一了，這個民調的榜首方改爲艾德諾（Konrad Adenauer，一八七六至一九六七年），路德始退居第二名。

歷史上，我們所知道的馬丁・路德是一位宗教改革家。宗教改革的來龍去脈，史書上巨細靡遺地記載著，這裡不再贅述。本節要談的是路德如何把德國境內五花八門、南腔北調的德語統一起來，這項浩大的工程他一個人是如何做到的？

話說從一五一七年十月三十日，路德在威滕堡（Wittenberg）大學教堂正門上，張貼九十五條反對贖罪券買賣的論題起，九十五條論證又經印刷傳播，引起人心浮動，群情激憤，迅速地在全國引起巨大迴響，始揭開宗教改革的序幕。一五二〇年的年底，路德在威滕堡大學全體師生面前，焚燒教宗詔書「主！請起」、聖湯瑪士的「神學綱要」和「教會法典」，以示決不與羅馬教廷妥協的決心。教宗於一五二一年正月三日把他開除教籍，並授意日耳曼皇帝卡爾五世以慣例繩之以法。卡爾五世召他出席渥姆斯帝國會議（Reichstag zu Worms），仍希望他放棄己見，萬勿在帝國中製造分裂。一五二一年四月十七日路德與會後，認眞考慮一天後，於次日當著德皇及全德諸侯面前，嚴肅而隆重地聲明，他本其良心，不能也不願取消任何聲明，他別無選擇地堅持自己的主張。史家以此日爲新教（耶穌教）誕生日，但也有以張貼九十五條論題反駁贖罪券之日爲新教誕生之日的主張。

路德前往渥姆斯開會召受詢問時，當時雖有皇帝保證其生命安全，但前有胡斯（Jan Hus，約一三七〇至一四一五年，捷克宗教改革家）之惡例，胡斯於出席康士坦茲（Konstanz）的全體宗教大會後，被活活焚死，故友人勸其勿前往。路德答曰：「渥姆斯之魔鬼雖多如屋上瓦，吾亦必前往也」。其「破斧沉舟」的勇氣誠然可嘉。會後，卡爾五世遵守諾言，允路德安全歸去。路德的保護者，薩克森選帝侯智者佛利德利希三世（Friedrich III., der Weise，一四八六至一五二五年在位）懼其爲人所乘，以劫奪方式暗從密道送路德到選帝侯所屬的瓦特堡藏匿，後年餘始復出。

現在來談一談路德在德國語言文學史上的不朽功績。這功不可沒的壯舉，即是經由他十三年的翻譯德文本《聖經》，所用的語言就成了德國人民的共同語言，也即經由他的翻譯統一了德國的語言。

那麼路德是怎麼著手這一個工作呢？也許他當初根本沒有想到要做統一語言的開路先鋒。只是靜居瓦特堡時，他即以翻譯《聖經》爲事，現今通行之德文聖經即此時期路德之翻譯作品，但是路德並非第一位把聖經譯爲德文者。早在古滕堡（Johannes Gutenberg，約一三九七或一四〇〇至一四六八年）於一四五〇年在美因茲（Mainz）發明活字版印刷後，到路德一五二一年重譯《新約》時，德語聖經以不同的德境方言（見〈德語來源〉第一六一至一六二頁）已譯出者計有十七種之多，但那些早期譯本係根據拉丁文翻譯的，除了晦澀難讀外，又錯誤百出，不易普及。

那麼路德的譯文怎麼樣才能深入人心，爲大家所接受呢？他的譯本之可貴，不單是他的譯本是由希臘文及希伯來文直接譯出，而且他的譯本比較通俗、詞美、流暢明白，便於誦讀，成爲日耳曼新體語文的標準。路德廣納各地方言中的精華，爲了尋找大家能理解和接受的德語詞彙，在翻譯過程中，他常與各階層人民接觸。常常從瓦特堡山上下來到市鎮去，走遍了大街小巷，聽聽玩耍的孩童如何說，到市集上去請教男人們說的詞彙如何用法，露天廣場上，婦女們閒話家常，他也一旁靜聽，在家中也經常詢問老媼及僕人，並且字斟句酌的推敲，期能翻譯得大家都能夠懂，能夠接受。路德通過聖經和他的一些著作，賦予不少德語詞彙新的解釋，使不少慣用語和成語爲全國所接受，如「眼中釘」（Dorn im Auge），將外來語引入德語，如 Fieber（發燒）、Laterne（燈籠）、Person（人），並把含有一種宗教動機的含義轉變其意義，顯現在一些現在比如 Arbeit, Beruf, Glaube 等用詞上[45]。在被方言分開的德意志各邦地區規定了一種對所有的德意志人都適用的書面語。

一五二二年，路德譯的《新約》第一個稿本出版。前後花了十三年的時間，即至一五三四年，全部的《聖經》翻譯工作終於完成了，文辭典雅、流暢、通俗易懂，爲近代德語奠下基礎。如果沒有路德奠定這樣一種統一的書面語，德國的語言勢必分裂成爲各自爲政的雞同鴨講，阻礙德國語文的發展，其後果幾乎是不可想像的。對於一個民族的宗教與文學生活貢獻之大，很少能有與路德新、舊約譯本同日而語的。

路德除了在宗教改革、統一德語的書面語方面有一番豐功偉績外，在德國文學史上也流芳百世。他所寫的宗教讚美詩歌在當時也傳頌一時，即使在今天，這些優美的聖詩仍然撫慰了多少人的心靈。他總共用德語創作了四十一首宗教歌曲，如被恩格思（Friedrich Engels，一八二〇至一八九五年）美名爲十六世紀《馬賽曲》（*Marseillaise*）的《我們的上帝是一座堅固的城堡》（*Ein' feste Burg ist unser Gott*）最爲膾炙人口。

四、千奇百怪的德國姓氏

根據《德國姓氏字典》[46]所蒐集的德國人之「姓」（Familienname 或 Nachname）和「名」（Vorname）共有一萬五千個左右。其姓氏使用的來源及含義相當有趣，且種類繁多，五花八門。德文姓氏的翻譯是採用音譯，並盡可能對照漢語的姓氏。在此先將姓氏的德文語義列出，在它下面的一欄列出其讀音譯名，最後以方括號列出等同於漢語的姓氏。德語名字的譯法，則在陽、陰性別方面的漢字選擇也以能夠有所區別爲佳，陽性的名字應該選一些較陽剛的表男性漢字，比如 Herbert 譯爲「赫爾伯特」，陰性名選較具陰柔的表女性漢字，比如 Brigitte 譯爲「布莉姬特」。現根據分類僅摘錄幾項如下：

㈠德國姓氏來源

1. 以職業為姓

Arzt 醫生	阿茨特	Bauer 農夫	包爾，鮑爾〔包，鮑〕
Becker/Bäcker 糕餅師傅	貝克〔貝〕	Bergmann 礦工	貝格曼〔貝〕
Brauer 釀酒工人	布勞爾	Drechsler 車床工人	德累斯勒爾
Fischer 漁夫	費雪〔費〕	Fleischer/Fleischhauer 屠夫	佛萊塞爾／佛萊希豪爾
Holzhauer/Holzmann 伐木工	賀茨豪爾／賀茨曼〔賀〕	Jäger 獵人	耶格爾
Kaufmann 商人	考夫曼	Koch 廚師	柯赫〔柯〕
Meier/Maier/Meyer/Mayer 監工	麥爾〔麥〕	Maurer 水泥匠	毛爾〔毛〕

Metzger 肉販	梅茨格〔梅〕	Müller 磨坊工人	米勒／穆勒〔米，穆〕
Schäfer 牧羊人	薛佛，謝佛〔薛，謝〕	Schlosser 鉗工	史／施／斯洛塞爾
Schlossmacher 鎖匠	史／施／斯羅斯馬赫〔史，施，斯〕	Schmied Schmid[47] 鐵匠	史／施／斯密特
Schneider 裁縫師	史／施／斯奈德	Schuhmacher 鞋匠	舒馬赫〔舒〕
Tischler 木工	提希勒	Weber 編織者	韋伯〔韋，魏〕
Zimmermann 木匠	秦默曼〔秦〕		

2. 以生活用品為姓

Ball 球	巴爾〔巴〕	Schuh 鞋子	舒爾〔舒〕
Gabel （餐具）叉	嘉伯爾	Löffel 勺子	勒佛
Glas （餐具）杯子	葛拉斯〔葛〕	Messer （餐具）刀	梅瑟爾〔梅〕
Hammer 錘子	哈默爾〔哈〕		

3. 以建築物為姓

Althaus 老房子	阿爾特豪斯[48]	Dach 屋頂	達赫
Keller 地下室	凱勒	Zimmer 房間	秦默爾〔秦〕

4. 以時間、季節為姓

Montag 星期一	蒙塔格	Dienstag 星期二	丁斯塔格〔丁〕
Mittwoch 星期三	米特渥赫〔米〕	Donnerstag 星期四	冬納斯塔〔冬〕
Freitag 星期五	佛萊塔格	Samstag 星期六	桑斯塔
Sonntag 星期天	松塔格	Frühling 春天	佛綠林格
Sommer 夏天	松莫爾〔夏〕	Herbst 秋天	赫伯斯特〔赫〕
Winter 冬天	溫特爾〔溫〕		

5. 以天象為姓

Mond 月亮	蒙德	Abendrot 晚霞	阿本德羅特
Sonnenschein 陽光	索能沙因	Stern 星星	施特恩〔施〕

6. 以自然物為姓

Bach[49] 小溪	巴赫〔巴〕	Berg 山	貝爾格〔貝〕
Grünenwald 綠色森林	格納瓦爾德	Stein 石頭	斯泰因〔石〕
Wiese 草地	威瑟		

7. 以動物為姓

Adler 老鷹	阿德勒	Bär 熊	貝爾〔熊〕
Fliege 蒼蠅	佛利葛	Fuchs 狐狸	富克斯
Gans 鵝	岡斯	Hahn 公雞	漢恩〔漢〕
Hase 兔子	哈塞〔哈〕	Hirsch 鹿	希爾斯
Huhn 母雞	混恩	Hund 狗	混德
Käfer 甲蟲	開佛	Katze 母貓	卡策
Kalb 小牛	卡爾伯	Löwe 雄獅	勒佛
Lamm 綿羊	蘭姆	Maus 老鼠	毛斯〔毛〕
Rabe 烏鴉	拉比	Reh 鹿	雷〔雷〕
Wolf 狼	沃爾夫	Spatz 麻雀	史/施/斯巴茲

Schaf 羊	夏佛〔夏〕	Strauß 駝鳥	史／施／斯特勞斯
Vogel 小鳥	佛格爾		

8. 以植物為姓

Apfel 蘋果	阿普費爾	Blume 花	布魯莫〔花〕
Baum 樹	鮑姆〔鮑，包〕	Kohl 甘藍	柯爾〔柯、甘〕
Feige 無花果	懷格	Reis 稻米	萊斯
Zucker 糖	楚克爾〔楚〕		

9. 以礦物為姓

Bernstein 琥珀	伯恩斯坦	Gold 黃金	戈爾德
Kupfer 銅	庫普佛爾	Sand 沙	桑德

10. 以顏色為姓

Blau 藍色	布勞〔藍〕	Braun 褐色	布朗
Gelb 黃色	格爾伯〔黃〕	Grün 綠色	格林

Grau 灰色	格勞	Rot 紅色	羅特〔羅〕
Schwarz 黑色	施瓦茨〔施，史〕	Weiß 白色	魏斯〔魏〕

11. 以特徵為姓

Alt 舊的	阿特	Bitter 苦的	畢特〔畢〕
Süß 甜的	居斯	Dick 胖的	狄克〔狄〕
Ernst 認眞的	恩斯特	Dunkel 黑暗的	敦克爾
Hell 明亮的	黑爾〔黑〕	Frisch 新鮮的	佛利希
Fröhlich 歡喜的	佛勒利希	Glatt 平的	葛拉特〔葛〕
Groß 大的	葛羅斯〔葛〕	Klein 小的	克萊因
Hart 硬的	哈特〔哈〕	Weich 軟的	威西
Schön 漂亮的	舍恩	Heiß 熱的	海斯〔海〕
Kurz 短的	庫爾茨	Lang 長的	朗格〔朗〕
Kühn 勇敢的	昆恩	Laut 大聲的	勞特
Leise 小聲的	萊塞	Matt 無光澤的	馬特〔馬〕
Niedlich 嬌小玲瓏的	尼德利希	Reich 有錢的	萊希

Sauer 酸的	紹爾	Stark 強壯的	史達克〔史〕

12. 以人體器官為姓

Galle 膽囊	嘉勒	Finger 手指頭	芬格
Bauch 肚子	包赫〔包，鮑〕	Haar 頭髮	哈爾〔哈〕
Herz 心臟	赫爾茨〔赫〕	Kopf 頭	柯普夫〔柯〕
Leber 肝	勒伯爾	Zahn 牙齒	蔡恩〔蔡〕

13. 以抬頭、稱號為姓

Baron 子爵	巴爾隆〔巴〕	Graf 伯爵	葛拉夫〔葛〕
Fürst 侯爵	福斯特	Herzog 公爵	賀爾佐〔賀〕
König 國王	〔王〕	Kaiser 皇帝	凱薩爾

㈡取自既可當「姓」，也可當「名」使用的姓氏

Albrecht	阿爾布雷希特	Arnold	阿諾德
Dietrich	狄特里希〔狄〕	Ernst	厄恩斯特
Friedrich	佛利德利希	Georg	葛奧格〔葛〕
Hermann	赫爾曼〔赫〕	Ludwig	路德維希
Martin	馬丁〔馬〕	Michaelis	米夏艾利斯〔米〕
Otto	奧圖		

德國人取名，即為其 Vorname（前名，本名）取名時，都是從現有的「人名錄」（Vornamesbuch）中選用的，而不能夠隨意用德文字母按自己的喜好去拼成一個名字。

1. 名字的來源

⑴源自日耳曼本名，即源於德語本身，一般都有固定且美好的意思，例如：

Dagmar（達格瑪，女性名）有散發光彩的意思。

Friedrich（佛利德利希，男性名）有愛好和平的意思。

Konrad（康拉德，男性名）有冷靜的建議者之意思。

Sieglinde（喜格琳德，女性名）有勝利耀眼的意思。

(2) 採用基督教聖徒的名字或者聖經故事裡的人名。這一類名字源於希臘語（griechisch）、希伯來語（hebräisch）和拉丁語（lateinisch），例如：

希臘語：Georg（格奧格，男性名）、Peter（培得，男性名）[50]、Philipp（菲利普，男性名）、Sophie（蘇菲，女性名）

希伯來語：Anna（安娜，女性名）、Benjamin（班雅明，男性名）、David（大衛，男性名）、Joseph（約瑟夫，男性名）、Joachim（佑阿亨，男性名）、Jacob（雅各伯，男性名）、Maria（瑪莉亞，女性名）

拉丁語：Constantin（康士坦丁，男性名）、Justus（猶斯吐斯，男性名）、Lukas（路卡斯，男性名）、Viktoria（維多利亞，女性名）

2. 名字的含義

名字除了識別的作用，尚包括一定的意思。從名字的涵義也可看出父母對子女的期望。

(1)男孩子的名字含有「強壯」或「強大」的意思，例如：

Arnold（阿諾德）[51]：有像老鷹（Adler）一樣強壯。

Bernhard（伯恩哈德）：有像熊（Bär）一樣強大。

Heinrich（海英利希）：有在他的家、家園、住宅（Heim）那麼強勢。

(2)男孩子的名字含有「榮譽」、「英雄」、「勝利」的意思，例如：

Dietmar（狄特馬）：民族英雄之意。Diethard（狄特哈特）：強壯的民族英雄。Roland（羅蘭）：著名的、勇敢的有冒險精神的英雄。

Sieghard（西格哈特）：強大的勝利者；Hartwig（哈特威格）：強大的戰鬥者。

(3)表示「忠誠」、「智慧」、「美麗」、「勇敢」等其他美德，例如：

Dankrad（當克拉德）：聰明的謀士。

Helmut（赫爾慕特）：勇敢的保護者。

Luitgard（呂特葛拉德，女性名）：民族的守護神。

Mirabella（米拉貝拉，女性名）：美貌絕倫之意。

Siegfried（西格佛利德）：打勝仗帶來和平者。

Susanne（蘇珊娜，女性名）：像百合一樣的忠誠、美麗。

3. 人名的簡寫

有些名字較長，採用縮短的形式。由於縮短形式音節較短，叫起來比較有親切感，所以在德國也普遍的使用。例如：

原來的前名（Vorname）	縮短形式（Kurzform）
Elisabeth（伊莉莎白，女性名）	Lizzy, Lisette
Friedrich（佛利德利希，男性名）	Fritz, Friedel, Frieder
Ingeburg（英格布格，女性名）	Inge
Maximilian（馬克希米里安，男性名）	Max
Siegfried（西格佛利德，男性名）	Siggi
Ursula（烏穌拉，女性名）	Ulla, Uschi, Ursel

㈢男性與女性呈對應的名字

Andreas（安德烈亞斯）↔ Andrea（安德烈亞）	Cornelius（柯內利烏斯）↔ Cornelia（柯內莉亞）
Christian（克利斯提安）↔ Christiane（克莉斯汀娜）	Franz（法蘭茲）↔ Franziska（法蘭琪絲卡）
Friedrich（佛利德利希）↔ Friederike（佛莉德莉克）	Johann（約翰）↔ Johanna（約翰娜）
Mario（馬力歐）↔ Maria（瑪莉亞）	Martin（馬丁）↔ Martina（瑪蒂娜）
Michael（米夏艾爾）↔ Michaela（米夏艾拉）	Peter（培德）↔ Petra（佩特拉）
Simon（席蒙）↔ Simonie（席夢妮）	Stephan（史蒂芬）↔ Stephanie（史蒂芬妮）
Ulrich（烏利希）↔ Ulrike（烏莉珂）	Viktor（維克多）↔ Viktoria（維多利亞）

德國父母在給小孩子取名字時，也跟著流行趨勢，比如六十年代的父母喜歡取義大利名字（比如 Franziskus, Mirabella, Timo），七十年代則喜歡取斯堪地那維亞半島名字（比如 Gustav, Helge, Sören, Sven），八十年代則喜歡取法國名字，（比如 Aimée, Gaston, Jaqueline, Mignon），九十年代則喜歡取英國名字（比如 James, Jane,

John, Mike）。今天則喜歡取複名，比如男生取名 Karl-Heinz，女生取名 Anna-Maria。

不受歡迎的名字都是一些中古世紀時代的名字，比如男生名 Gottlieb、Gottlob、Gottfried、Fürchtegott、Traugott。女生名比如 Brunhild、Kriemhild、Wilhelmina、Gertrud。

㈣姓氏的拚法

德國人在拼字或拼自己姓名時，除照字母本身逐字唸出外，常常以幾個固定的人名或字的頭一個字母來介紹自己或拼出某一個單字，如 A=Anton、Ä=Ärger、B=Berta、C=Cäsar、D=Dora、E=Emil、F=Friedrich、G=Gustav、H=Heinrich、I=Ida J=Julius、K=Kaufmann、L=Ludwig、M=Martha、N=Nordpol、O=Otto、Ö=Ökonom、P=Paula、Q=Quelle、R=Richard、S=Samuel、Sch=Schule、T=Theodor、U=Ulrich、Ü=Übermut、V=Viktor、W=Wilhelm、X=Xanthippe、Y=Ypsilon、Z=Zacharias。

這與中國人將姓氏拆開，以部首組合拼出自己的名字，如木子李，弓長張，有異曲同工之意。

五、德國城市名與街名探索

德國城市和街道名字的起源與其命名有密切關係。德國的城市名及街道名稱千奇百怪，有各種各樣的名稱來源，不但很有趣，也值得探討一番。

(一)德國城市名

德國很多城市的名字都是起源於羅馬帝國和日耳曼人統治的時代，我們如果清楚了解這些名字的來源，便可進一步加深對這些城市的認識。

1. 冠以 Bad 的城名，表示這個城市是溫泉療養勝地，比如 Bad Harzburg（哈茨堡溫泉）、**Bad Reichenhall**（萊辛哈爾溫泉）、**Bad Wimpfen**（溫芬溫泉）。

2. 如果城市的名字是用 -burg（堡，城堡）結尾的，例如：Augsburg（奧格斯堡）、Hamburg（漢堡）、Homburg（宏堡）、Marburg（馬爾堡）等，即表示這些城市是建立在一個城堡的附近。

3. 名字用 -furt 結尾的城名，有淺灘之意。例如：Frankfurt（法蘭克福）、Heufurt（厚伊福持）、Ochsenfurt（奧克森福特）及 Schweinfurt（施魏因福特）等，表示這些城市是建立在一條河的淺水附近。德國有兩座法蘭克福城，一座是在西部濱臨美因河的 Frankfurt am Main，另一座是在東部濱臨奧德河的 Frankfurt an der Oder。

4. 名字用 -hafen 結尾的城市，有港口之意。例如：Ludwigshafen（路德維希港）、Wilhelmshaven（威廉港）。

5. 地名以 -hausen 結尾的有住屋、住家之意。比如 Oberhausen（歐伯豪森）、Rheinhausen（萊茵豪森）、Schaffhausen（夏夫豪森）及 Schwabhausen（斯瓦伯豪森）。

6. 以 -heim 結尾的城市，有家，住宅之意。德國南部城市的名字多以此結尾，例如：Mannheim（曼海姆）、Pforzheim（普福爾次海姆）和 Rosenheim（羅森海姆）等。歷史學家指出這些城市是由法蘭克人所建的。

7. 如果城市的名字是以 -reuth、-reut、-reute、-rode、-rod 和 -rath 這些帶有「開墾」之意的字開始或結尾的，例如：Bayreuth（拜羅伊特）、Reutlingen（羅伊特林報）、Walsrode（瓦史羅德）等，即是表示這些城市起源於叢林地區，當時人們在蓋房子前，都必須先將樹林清除。

8. 城市名以 -stadt（城，城市）結尾的，有 Altstadt（老城、舊城）、Neustadt（新城）。

9. 名字以 -weiler、-weier、-wihl 或 -weil 結尾的，是來自拉丁文 villa 有（郊外寓所，別墅）之意。這些都是位於德國西部和南部的城市，起源於公元一世紀的羅馬時代。例如：Bodenweiler（波登威勒）、Duttweiler（杜特威勒）、Nonnweiler（農外勒）、Rottweil（羅特魏爾）。

(二)德國街名

在一座陌生的城市裡，不管是觀光、購物、辦事或是與人約會（洽事）總要敲定「地點」。而我們要到達目的地時，不管搭乘任何交通工具或是步行，就必須將目的地的街名和站名弄清楚並記住。一座城市的街名往往展示了該城市的發展歷史和風土人情。德國各城市的街名命名有各色各樣的來源，且名稱千奇百怪，從街名可看出德國人巧妙的思考。德國城市的街名主要有以下幾種類型：

1. 以歷史偉人命名的街道，其中包括歷代君王、政治家、軍事家、科學家和文學家等。如 Goethestraße（大文豪歌德）、Kopernikusstraße（天文學家哥白尼）、Scharnhorststraße（普魯士名將沙恩霍斯特）、Schillerstraße（大文豪席勒）、Uhlandstraße（浪漫主義時期的抒情詩人烏蘭德）、Wilhelmstraße（普魯士國王及德意志帝國皇帝）等等，當然還有紀念領導德國統一豐功偉業的俾斯麥，幾乎無城不有的 Bismarckstraße（俾斯麥街）和 Bismarckplatz（俾斯麥廣場）、Beethovenplatz（貝多芬廣場）。

如果將偉人或名人的姓和名（包括所冠的頭銜）一起命名，這時用「-」連接符號來銜接，例如：

Freiherr-vom-Stein-Straße（普魯士改革家施泰因男爵）。

Geschwister-Scholl-Straße（休爾兄妹街，慕尼黑大學「白玫瑰社」成員之一，兄 Hans，妹 Sophie，以宣傳單呼籲反希特勒。電影《帝國大審判》即描述此一情節，最後，兄妹兩人被判以絞刑。）

Heinrich-Heine-Straße（文學家家海英利希・海涅街）。

Karl-Marx-Straße（《共產主義宣言》及《資本論》作者卡爾・馬克思）、Martin-Luther-Straße（宗教改革家馬丁・路德）、Richard-Wagner-Straße（音樂家理

查・華格納）。

2. 以紀念發生在該地的歷史上重大事件來命名。例如：

(1) Französische Straße（法國街）

十七世紀中期，普魯士的選帝侯佛利德利希・威廉（Friedrich Wilhelm，一六四○至一六八八年）基於替堅持信仰路德的新教，而遭受信仰天主教的法國國王所迫害的法國胡格諾騰人（Hugenotten），提供庇護場所。因此，大批的胡格諾騰人遷移到柏林，並在柏林定居下來了。後來在憲兵市場（Gendarmenmarkt）的南北邊各建了一座德國人使用的大教堂（deutscher Dom）和法國人使用的大教堂（französischer Dom），以供周圍居民作禮拜用。後來這條法國人居住過的街道就一直被稱作 Französische Straße。

(2) Mauerstraße（圍牆街）

一九六一年八月十三日，爲阻止大批逃亡前西德的人民，前東德政府於一夕之間在東、西柏林交界的周圍修築了一堵鋼筋混泥土圍牆，於是東、西柏林被分開了。直到一九八九年十一月十九日這堵柏林圍牆被拆除後，德國才於一九○○年十月三日正式統一。因此，沿著柏林牆走向這條新建街道就被稱爲「圍牆街」。今天，人們還可以看到街道中央的那條紅線（die Rote Linie）和在紅線上的圍牆歷史。

(3) Sedanstraße（色當街）

色當是在法國，爲紀念由俾斯麥領導德國完成統一的第三場戰爭——色當戰役。一八七〇年九月拿破崙三世（Napoleon III.，一八〇八至一八七三年，爲拿破崙一世的侄兒）在濱馬斯河（Maas）的色當（Sedan）被俘，成爲德、法戰爭的轉捩點。威廉一世（Wilhelm I.，一八六一至一八八八年在位）於一八七一年一月十八日在法國凡爾賽宮（Versailles）的鏡廳就任德意志帝國皇帝。德意志帝國終於取代了一八〇六年解體的「德意志民族神聖羅馬帝國」。

3. 以德國某個城市名來命名，地名加詞尾 **-er** 構成形容詞，此形容詞不受文法性、數、格的支配（即不需要再加字尾變化），與 Straße 分開寫。例如：**Berliner** Straße（柏林街）、**Dresdener** Straße（德勒斯登街）、**Leipziger** Straße（萊比錫街）、**Ludwigshafener** Straße（路德維希港街）、**Münchner** Straße（慕尼黑街）；以外國某個城市名來命名。例如：Warschauer Straße（華沙街）。

4. 表示從前居住在該街上人們所從事的職業或出身。如 Bäckerstraße（麵包師）、Bergmannstraße（礦工）、Fischstraße（漁民）、Jägerstraße（獵人）、Judengasse（猶太人群居的巷子）、Kochstraße（廚師）、Mauerstraße（泥水匠）、Priesterweg（牧師）、Schriftsetzerweg（排字工）、Zimmermannstraße（木工）。

5. 表示街道現在或原來所處的地理位置。如：Bachgasse（溪流巷）、am Dorfbrunnen（在村莊的井旁）、auf dem Kreuz（十字口）、Kreuzberger Straße（十字山街）、Obere Gasse（上巷—巷子地形較高）、Ostring（東環路）、Talstraße（位於或通向山谷的路）、Schlossplatz（宮殿廣場）、Untere Straße（下街—街道所處的地勢低）、Unterm Rathaus（市政府下街）、Weinbergstraße（葡萄園街）。

6. 以某個方位詞加上特徵名詞，與 Straße 連寫。例如：Oberwasserstraße（上水街）、Oberwallstraße（上牆街）。

7. 以該街道上的主要建築物的用途來命名，建築物的名稱與 Straße 連寫。例如：Bahnhofstraße（火車站街）、Jacobikirchstraße（雅寇比教堂街）、Rathausstraße（市政府街）、Universitätsstraße（大學街）；以該街道上的主要建築物的名稱來命名，建築物的名稱與 Straße 之間用「-」連接，例如：Heilige-Grab-Straße（聖墓街）、Walter-Rathaus-Straße（瓦特市議會街）。

8. 因街道具有某個形容詞特徵，所以用形容詞加 Straße 構成街道名，並分開寫。例如：Lange Straße（長街）、Hohe Straße（高街）、Breite Straße（寬街）。

9. 街道以某個概念來命名，該概念與 Straße 連寫。例如：Dorfstraße（村莊街）、Konsulstraße（領事街）、Gewerbestraße（行業街）。

10. 該街道名稱與宗教或信仰有關。例如：Sankt-Paul-Straße（聖保羅街）、Nonnenstraße（修女街）、Klosterstraße（修道院街）。

11. 街道以山、河、湖、森林等的名稱來命名，有連寫或分寫。例如：Greifswalder Straße（葛萊福森林街；在波羅的海南邊）、Maarstraße（馬爾街；係火山口形成的湖）；Hünshovener Gracht（文斯霍芬運河）、Hofberg（霍夫山）。

12. 隨著環保、綠化環境的概念，城市的街道，尤其是新擴建的街道往往都冠以植物的名字，例如：Birkenweg（樺樹路）、Eichenweg（橡樹路）、Laubenweg（林蔭路）、Lindenstraße（椴樹街）、Rosenstraße（玫瑰街）。

13. 由於城市不斷地擴展，位於城市近郊的村莊逐漸成爲城市的一部分，因而出現了一些以村莊名來命名的街道名稱。例如：Gersdorfstraße（葛爾斯村街）、Gebirgsdorfstraße（山群村街）。

14. 由於街道緊挨著某個牆、博物館、公園、教堂或運動場等，所以常用介系詞加上該牆、博物館、公園、教堂或運動場名稱，不再加 *Straße*。如：An der Wei*ß*en Mauer（白圍牆旁）、Am Stadtpark（市立公園旁）、Am Berliner Museum（柏林博物館旁）、An Marienkirche（瑪莉安教堂旁）、Am Sportplatz（運動場旁）。

15. 街道名稱中出現某些介系詞，以說明該街道的特點或位置以及與後面所跟名詞的關係，此時不再加 Stra*ß*e。例如：Am Markt（市場旁）、Am Welschen Brunnen（威辛井旁）、Am Trimmelter Hof（特林莫特莊旁）、An der Marienkirche（瑪莉恩教堂旁）、Au*ß*er der Weide（離開牧場）、、Hinter dem Berge（在山後）、Hinter dem Turme（在塔之後）、Unter den Linden（在椴樹下的林蔭大道）[52]、Vor dem Steintor（石大門前）、Zum Jugendheim（往青年之家），Zum Herrenried（往沼澤處）。

德國的街道名稱大部分均使用 Stra*ß*e（街）及 Weg（路），表示街道的還有與下列一些詞彙合寫或合用的街名：

Allee（林蔭大道）：Alsterallee, Konrad-Adenauer-Allee, Osterallee, Pappelallee

Bach（小溪）：Am Steinbach, Bodenbach

Berg（山）：Alsterberg, Am Kirchberg, Am Voßberg, Pappelberg

Brücke（橋）：Alte Brücke, Im Brückfeld, An der Zollbrücke

Damm（堤壩）：Adolf-Baeyer-Damm, Alsterdorfer Damm, Auf dem Damm
Kurfürstendamm（簡稱 Ku'damm）, Am Bahndamm

Gasse（小巷）：Lachsgasse, Mollergasse, Stadelgasse, Villichgasse

Graben（墳墓）：Grünergraben, Nikolaigraben, Stadtgraben, Weidengraben

Markt（市場）：Am Markt, Froschmarkt, Holzmarkt

Platz（場地）：Am Sportplatz, Marienplatz, Marktplatz, Europaplatz, Trierer Platz

Ring（環形路）：Brandenburger Ring, Käthe-Kollwitz-Ring, Stubenring ,Vermilionring

Tor（大門）：Am Wassertor, Am Bruchtor, Am Steintore

Turm（塔）：Wendenturm[53], Wasserturm

Ufer（河、海、湖岸）：Am Ufer, Uferstr., Theodor-Kutzer-Ufer, Hermann-Heimerich-Ufer, Am Hohen Ufer

Wald（森林）：Am Stadtwald, Am Wald, Überm Wald, Vor dem Wald

最有趣的是 Hauptstraße 這條街名幾乎遍布德國各大、小城市及村鎮。按 Haupt 有頭部、主要的、首要的之意，每一個地方最主要的、最寬敞的道路皆以此爲街名，中譯照字面意思譯「主街」，照發音譯爲「豪普特街」。

六、「凱撒」一詞的轉義

有關德國人的老祖宗——西支日耳曼人的記載，得感謝羅馬史學家塔西吐斯所著的《日耳曼誌》。根據塔氏的記載，日耳曼人有高大的軀幹、長長的頭顱、金黃色的頭髮、藍眼睛和白皙的皮膚。他們大多爲農夫和獵人，已經從事農業，豢養家畜，已有較多的金屬知識，精巧的手工藝。他稱這民族爲「日耳曼人」，他們住的土地爲「日耳曼尼」（**Germanien**）。但是比塔氏更早記載日耳曼人，第一次有關於這個民族、地區和文化的記載，始見於凱撒（**Cäsar**，即 **Gajus Julius Caesar**，公元前一百年七月十三日至四十四年三月十五日）所著的《高盧戰記》（*De bello Gallico* = *Über den Krieg in Gallien*）。凱撒見這些金髮、碧眼、白膚的日耳曼人高大健壯、孔有武力，但粗俗不堪，既不能讀，也不能寫，遂徵召他們爲傭兵軍，助他攻下高盧（即今之法國和比利時）。

在雄才大略的凱撒身上有許多流傳久遠的典故，有幾個專有名詞的稱謂與他有關：

1. 他的姓氏 Caesar 原本是古羅馬的姓名，後來演變成爲羅馬皇帝的尊稱。之後再由它演變成世俗最高統治者的頭銜 Kaiser（皇帝），Kaiser 跟羅馬語 Caesar 發音相近。Kaiser 成爲德意志神聖羅馬帝國皇帝之尊稱（九六二至一八〇六年）、奧地利皇帝之尊稱（一八〇四至一九一八年）及德意志帝國皇帝之尊稱（一八七一至一九一八年）。也導致在拉丁語裡，歷史上稱權傾一世的古羅馬的大將軍及皇帝的稱謂 der Imperator 及 Augustus（音譯奧古斯都），爲古羅馬皇帝的尊稱。今天，凱撒這個字的轉義用法指（某一領域）領袖人物，比如 die Cäsaren der Wirtschaft 是「經濟界的領袖人物」。

2. der Kaiserschnitt 是個醫學術語，意爲「剖腹產術」（別名爲「帝王切瓜術」）。相傳凱撒母親在生他時，由於他的頭太大了，無法從產道順利生產，醫生只好剖開他母親的肚子，將他抱出來。

3. 功高震主的凱撒屯兵於高盧時，羅馬唯一的執政龐培（Gnaeus P. Magnus Pompejus，公元前一〇六至四八年），企圖利用他的地位解除凱撒在高盧的兵權，於是凱撒統兵直向羅馬，形勢極其險惡。當他到達羅馬昔日的北疆——那條在義大利北部小小的界河，盧比孔河（der Rubikon）時，他躊躇了。因爲他知道，假若他統率自己的軍隊渡過這條小河向羅馬進行，就無異於宣戰。如同往常一樣，具有極其迅速決斷力的凱撒嚷道：「骰子是擲定了！」於是跨上他的馬，涉過盧比孔河，進軍羅馬，發動內戰。紀元前四十九年正月，凱撒成爲羅馬的主人。因此，有一則文雅的成語 den Rubikon überschreiten（即：斷然作出決定，採取斷然的行動），這與楚、漢爭霸的項羽「破釜沉舟」的典故有異曲同工之妙。

4. 凱撒執政後，於公元前四十六年採用一位在亞歷山大城（Alexander）的希臘天文學家的發現，廢除古舊簡陋的曆法，制定「尤里烏斯曆」（Julius Kalender），即「陽曆」。經過籌算，確定將一年分爲十二個月，共計三百六十五天，閏年加一天的新曆法。其中逢單月是三十一天，爲大月；逢雙月是三十天，爲小月，但這樣一來，每年要三百六十六天，如果是閏年正好，平年便多了一天。因此必須在某月中減一天。究竟從那個月中減一天呢？按照當時羅馬規定，全國的死刑犯都集中在二月處決。羅馬人視二月爲「凶月」，當然希望它越短越好，於是便決定二月分減少一天，只有二十九天。

在羅馬古曆中，第五個月拉丁文以前稱爲「庫因提利斯」（Quintilis）月（即拉丁文的五之意）。公元前四十六年改曆後第二年，凱撒被暗殺，於是將凱撒誕生的這個庫因提利斯月改以凱撒的名字「尤里烏斯」（Julius）月。以示對凱撒的崇敬。按英語爲 July，德語爲 Juli（七月）。

5. 集智、勇合一、奸猾的政客與能幹的雄辯家於一身的凱撒，治理羅馬的豐功偉業在史書上都有詳細的記載，自不待言。但是他的偉大，不僅激怒了他的仇敵，也同時使他的朋友們爲之震驚，因爲他們懼怕他的野心和他的權力。公元前四十四年三月，在元老院的大廳中，凱撒被幾位號稱他的朋友的人刺死。這些人向羅馬市民演說，力詆凱撒之秕政與失德，聽眾大譁，兇手遂懼而逃。莎士比亞（William Shakespeare，一五六四至一六一六年）於一五九九年寫的同名劇本（Julius Caesar），讓刺殺凱撒的人自己說道：「不是因爲我們不愛凱撒，而是因爲我們更愛羅馬。」還有也會常聽到不要將事情混淆不清時的表達「將上帝的歸上帝，凱撒的還給凱撒」這些膾炙人口的說詞與至理名言可謂久遠流傳。

七、「八月」命名的由來

「八月」的英、德語皆爲 August，起源於拉丁字 Augustus 原義爲「崇高的受尊敬的人」，係羅馬皇帝的頭銜。它是古羅馬元老院的元老與議員們第一次在基督誕生前的二十七年封給屋大維（原名屋大烏斯 Gajus Octavius，公元前六十三年九月二十三日至公元後十四年八月十九日）的稱號；之後，所有的皇帝都冠以此稱號。屋大維是凱撒的姪女的兒子。凱撒在他的遺囑中，認屋大維爲他的養子，和他自己大部分財產的繼承人。公元前三十八年屋大維襲用凱撒的名字（Gajus Julius Caesar），別名屋大維（Oktavian 或 Octavianus），並在前面冠上古羅馬皇帝奧古斯都（Augustus）的尊稱，後來這頭銜也成爲他的名字了。

屋大維的確夠資格稱一個凱撒，他在位四十二年（紀元前二十九年至紀元後十四年），他以高齡壽終正寢，而非爲人謀殺。他的文治武功都有可記載的地方，當紀元前二十九年戰神的廟門關閉時，羅馬人民的喜悅眞是無以復加，大家歌頌著「奧古斯都的和平」的到來，他也以征服的方法，爲羅馬增加了版圖，將帝國的疆界推進到易於防守的地方。他統治的時期，羅馬的富庶繁榮自不在話下，秩序安定的地中海

（Mittelmeer）成了羅馬帝國的內湖。就文藝方面來說，這是羅馬的黃金時代，藝術家與作家輩出，同時點綴著奧古斯都文明；詩歌、散文、圖畫、雕刻等各方面的成就皆達於顛峰。das augusteische Zeitalter 指的是奧古斯都統治下的拉丁文學全盛時期，由此奧古斯都的封號他受之無愧了。

在羅馬的古曆六月原稱爲「塞克斯提利斯」（Sextilis，即第六月之意）月。在公元前八年，爲了繼念奧古斯都皇帝三次戰功，而將這個月改爲奧古斯都，August 即爲八月。在他當了皇帝之後，他發現凱撒大帝生於大月的七月，而他生於小月的八月，感到「吃虧」了。於是他下令把八月也改爲大月，還將下半年的十月和十二月都改爲大月，九、十一兩個月改爲小月。但這麼一改，每年又多了一天。不用說，他仍然從「不吉利」的二月裡再減去一天，這樣，二月就只剩二十八天了。

August 除了八月的意思之外，在德語中還有「蠢人」的意思，der dumme August 是指小丑、丑角。在德國的狂歡節、嘉年華會或是任何喧鬧的節慶，都可以聽到一首「哦，你啊！親愛的奧古斯」，歌詞戲謔，嬉鬧的氣氛相當濃郁。

八、藥店的標誌

在德國的藥店（Apotheke）招牌上常可看見一個紅色的大寫A字母，上有一條蛇纏繞在一個高腳杯上。這個標記來源於古希臘神話，阿斯克勒比歐斯（Asklepios）是古希臘神話中的醫神，他常拿著有蛇纏繞在一根棍子上的拐杖到處行醫，他的女兒喜吉婭（Hygieia）是健康之神。祭拜阿斯克勒比歐斯的儀式在基督誕生前二百九十一年由於一場瘟疫從希臘的伯羅奔尼斯（Peloponnes）半島的艾比道羅斯（Epidauros）城傳到羅馬。艾城早在基督誕生前的四百年就已有供奉醫神的廟宇存在。而在古羅馬畫家創作的神話作品中，常可看見喜吉婭手拿杯子餵蛇的畫面。

早在幾千年前，人們就懂得了毒蛇的藥用價值，提煉其血清治病。在藥物學尚不發達的古代，蛇毒便成爲醫治許多疾病的靈丹妙藥。因而蛇就成爲醫藥的代表，在希臘神話中，和醫神及健康之神形影不離。到了中世紀，歐洲一些城鎮的藥店開始利用希臘神話故事，以蛇作爲藥店的標記。蛇象徵著具有救護人類的能力，高腳杯則代表人類蒐集蛇毒的工具。

在德國所有的藥店皆用A當標誌。在藥店販賣全部有醫師處方的藥和不需要醫師處方的藥。有些藥店提供夜間服務，你可看見印有A的霓虹燈亮著。

九、弗特「屠龍節」的由來

弗特（Furth im Wald）是巴伐利亞邦（Bayern）內的一個邊境小鎮，人口約有一萬多人，位於德國東部跟捷克共和國（Die Tschechische Republik）接壤的邊界附近[54]。該鎮在一千年來的歷史過程中，曾經歷過不少困難和艱苦的日子。戰爭和邊境糾紛毀壞了不少文物古蹟。然而有一件事卻經過了多少世紀流傳至今，就是德國最古老的節日——屠龍節。

這個歷史性的節日可追溯到第一階段的胡斯戰爭（Hussitenkrieg，一四一九至三六年）時期。一四三一年捷克的皇家軍隊被波希米亞（Böhmen）軍隊打敗，而波希米亞軍隊更從弗特附近的低地推進到現在巴伐利亞的境內。當地的農民為了逃避軍隊的殘殺和搶掠，另一方面也為了避開當時在樹林中出沒的一頭噴火龍而逃生。在弗特城堡中，有一名善心的女貴族把難民收留在城堡內。她甚至聽從一位奸詐的謀士之建議，準備犧牲自己成為噴火龍的祭品。正當千鈞一髮之際，城堡的堡主烏多（Udo）爵士打仗回來，把那頭恐怖的噴火龍殺死，救回他的愛人。

根據這個故事，弗特的居民每年都會舉行一個「屠龍節」，這個節日流傳至今已有五百多年歷史了。在古時，屠龍節是天主教基督聖禮節（Corpus Christi）的一部分，但自一八八六年以來，屠龍節便規定在每年八月的第二個星期天舉行，成爲一個特別的節日。慶祝儀式包括由一千多名著傳統服飾的人組成遊行隊伍在鎭上遊行。表演的重頭戲不用說，就是屠龍場面。一位扮演烏多爵士的騎士拿著長矛向龍的口部直刺過去，血液即時從龍的口中噴出。當然，噴火龍只不過是人造假龍而已。在這頭十八公尺長的龍體內裝置有最新式的電子儀器，用來控制龍的動作和噴火等等。儘管如此，勇士跟龍的決鬥仍不失爲一場扣人心弦、驚天動地的大戰，觀眾還是看得津津有味。

至於「龍」這種動物，應該只是傳說中的動物，牠的形象結合了蛇、鱷魚、馬、羊、魚和鳥的綜合體，所以牠可以上天，也可以下地，無所不能。東、西方對「龍」的評價也不同，以牠來比喻人的正面或負面的形象。比如：「龍」在我國被視爲吉祥的象徵，有不可思議的偉大力量，牠是上天傳遞訊息的使者，具有雷神、雲神和雨神的身分，自古以來即成爲帝王的象徵。中國人也都驕傲地自稱爲「龍」的傳人；又把它看作光明的未來，產生一些吉祥的成語，如「龍騰虎躍」、「生龍活虎」、「望子成龍」。可是在德國和西方世界卻把龍看成是噴煙吐火又力大無比的怪獸；這也許和德國的傳說有關，在《尼布龍根傳說》（*Nibelungensage*）裡，蓋世英雄齊格菲（Siegfried）大戰巨龍獲勝，取得寶藏，又沐浴於龍血中，成爲刀槍不入的勇士。聖人葛奧格（hl. Georg）也與巨龍搏鬥，結局以斬殺巨龍獲勝。西方不同神話裡著名的龍有Leviathan、Python、Tiamat及Writra。

「龍」在德國人的認知裡是負面的形象。因此，德國人今天把龍的代表意義生動地引入日常生活中。誰都知道這句由德國男士講出的話：Ich habe einen Drachen zu Hause. 意即「我家有一個悍婦。」難免要同情講出這句話的男人。但若你望文生義，直譯成「我家有一條龍」，則會讓人不知所云；也不可以爲了恭維德國人的女兒或兒子生肖屬龍，就如我們漢語的以「龍子」或「龍女」的觀念，而直接譯爲：「Ihr Sohn (Ihre Tochter) ist ein Drachen.。即「您的兒子（或女兒）是一條（或屬）龍。」，引起對方的誤解，勃然大怒，壞了社交的氣氛。由於文化的差異常會引起的誤解，不可不慎。此句正確的譯法是：Ihr Sohn (Ihre Tochter) ist im Tierkreis des Drachen geboren.（您的兒子／女兒是在中國的龍年誕生的。）至於德國人聽了以後，觀感如何，筆者就不得而知了。

十、德國人嗜飲咖啡

人類將咖啡當飲料大約介於十三和十五世紀之間，咖啡的故鄉在衣索比亞（Äthiopien）。從那裡傳到南阿拉伯（Saudi-Arabien），可能透過朝聖經由麥加（Mekka）傳到整個伊斯蘭世界，並在十六世紀傳到歐洲。

有人說咖啡是由土耳其人帶到維也納的，土耳其人於一六八三年曾經包圍維也納，後來被打得落荒而逃，留下一大堆裝有穀物的袋子和許多動物，比如維也納人從來沒見過的駱駝、鸚鵡和猴子。同時他們也發現了五百個裝滿咖啡豆的袋子。他們不知道這是什麼東西，因此也不需要這些東西。只有一個在土耳其那裡當過翻譯及間諜的波蘭人柯希茨基（Kolschitzky），知道可以用這種東西做成一種飲料。他確信這種飲料在歐洲將會廣爲人知。因此，一六八六年他在維也納開了第一間咖啡館。

到十九世紀，咖啡一直被看爲是一種奢侈品。目前世界上咖啡的品種已發展到八千多個。咖啡的作法除了用煮的之外，還有 Espresso 處理方式和煮開的方式（土耳其和阿拉伯的摩卡）。

德國人對咖啡情有獨鍾，反映在日常生活中；不僅餐餐有咖啡，而且從早晨開始到晚上，無論是工作前或工作後，都有喝咖啡的習慣。他們把咖啡看作是消除疲勞、幫助消化、有益健康與減肥的一種飲品。根據最新的醫學研究報導，多喝咖啡較不容易患心血管疾病。喝咖啡一定要趁熱喝，德語中有一句俗語叫：Das ist kalter Kaffee.直譯就是「這是冷咖啡」，它的引申含義是「這是一件老掉牙的事」。可見德國人認為咖啡一定要趁熱喝完，冷了就不好喝，成為老掉牙。但這種冷掉的咖啡與臺灣飯館餐後提供的甜點——冰咖啡又是不一樣的。一般德國人喜歡喝黑咖啡，而且很少加奶精及方糖。

這裡有一則喝咖啡與學習語言的笑話。話說有一位不懂英語的老德去美國遊玩。有一天，他在街上逛累了，想進咖啡店喝咖啡，休息一下。

他進去坐下，點了一杯咖啡。英文的 coffee 與德語的 Kaffee 雖然發音不同，但尚無問題，因為進咖啡店就是要喝咖啡的。所以侍者很快的給端來一杯咖啡。當侍者簡單的問他：「Some more sugar?（要加一些糖嗎）」這位老德聽不懂，他本能地搖搖頭，用德語「Nein」（不要的意思）回答，侍者聽了嚇一跳，再問一次同樣的話。這位老德仍舊聽不懂，強調地說了兩次「Nein, nein!」。這下侍者瞪大眼睛，耐著性子再問一次：「Are you sure?」（意即你確定要加九塊方糖嗎？）老德還是聽不懂侍者說什麼，就又使勁地說了三次「Nein, nein, nein!」。這下侍者聽懂了，但以懷疑的表情，從糖罐裡拿出一顆、二顆、三顆……一直放了九顆糖在老德的咖啡杯裡。

這個語言的笑話關鍵在於德文的 nein（不要）剛好跟英文的數目字九（nine）同樣發音，所以造成天大的誤解與笑話。

十一、馬鈴薯的傳說與趣事

Kartoffel 是馬鈴薯，一譯洋芋，大陸則譯爲土豆。早在公元二百至八百年左右時，在納之卡和莫歇文化（Nazca- und Moche-Kultur，兩地皆在祕魯）時期即爲印地安人的主食。西班牙的征服者在十六世紀將它們帶到西班牙。當三十年宗教戰爭（一六一八至一六四八年）時，曾偶然地被大面積地種植。奧地利與普魯士的七年戰爭（一七五六至一七六三年）有一些王公諸侯甚至下令栽培。自從拿破崙戰爭（一七九六至一八一五年）以來，馬鈴薯在歐洲成爲主食之一。

第一個將馬鈴薯從南美洲引進種植的人，使馬鈴薯在德國漸漸成爲除了麵包外的另一項主食的人是佛利德利希大帝。關於他在推廣馬鈴薯的種植上所作的貢獻，德國民間一直流傳著一則爲人津津樂道的軼事：

十八世紀中葉，災害導致普魯士王國農業歉收，那時他爲了擴軍，當務之急就是解決糧食問題。他聽說馬鈴薯易於種植，產量又高，生產期又比一般穀類作物短。於是他自己先在皇家林園試種。之後，效果果然不錯，於是決定在全國推廣，鼓勵農民種植馬鈴薯。

但是保守的農民並不認同，他們有的說，長在地下的東西與魔鬼有關，可能有毒；有的則根據《聖經》中從來沒有提到過馬鈴薯，證明上帝是不讓大家吃的，加上一般農民確實並不眞正了解馬鈴薯的營養價值與好處，所以大部分的農民還是不願意嘗試。

但是佛利德利希大帝對於種植和推廣馬鈴薯的決心非常堅定，於是他想出了一個辦法：他叫士兵在柏林郊區的皇家花園種植了一片馬鈴薯。當馬鈴薯開花結實後就派重兵把守，並命令看守的士兵，如果有人偷挖馬鈴薯，就睜一隻眼閉一隻眼，裝作沒看見。當老百姓和一些沒見過馬鈴薯的農民看到有士兵看守皇家園林裡種植被國王看作寶貝的新作物時，都認爲一定非比尋常，由此推斷，肯定是一種價值非凡的農作物。因此，就有人偷了回去種。這一招果然見效，那些把馬鈴薯偷挖回家的農民，很快就發現這種作物易栽種，且味道鮮美，尤其是比穀物還耐飢。就這樣，一傳十、十傳百，馬鈴薯的種植就普及開來了。

馬鈴薯的烹飪方法有幾十種，從馬鈴薯沙拉到馬鈴薯球，都有不同的口味。與德國人吃飯時，偶爾會有一個點馬鈴薯爲主食的德國人說：「現在吃馬鈴薯要感謝佛利德利希大帝，想當年他⋯⋯」。

十二、啤酒與十月節的由來

大約在五千年前，有人用麥芽煮粥，沒喝完就倒在屋外的桶裡，麥芽粥自然發酵，居然成了一種芳香的液體，於是人們用這種方式製成了一種可以喝的液體。在八世紀以前，各國對這種飲料都有不同的名稱。從八世紀以來，德國人才把啤酒的名稱統一起來。

德國啤酒的配料非常簡單，只有麥芽、啤酒花（蛇麻草）、水和酵母，它是經發酵而成的一種含酒精飲品。德國的數千種啤酒，有多種分類法，按啤酒的發酵程度，可分爲「重發酵啤酒」和「輕發酵啤酒」；按啤酒的色澤，可分爲色澤橙黃的hell 生啤酒（即淡啤酒）與色澤褐黑的dunkel 黑啤酒（即濃啤酒）。還有小孩喝的啤酒，是一種帶有甜味，酒精濃度較低的，且色澤稍微深橙黃的名爲Malz（麥芽）的啤酒。

德國的啤酒舉世聞名。只要提起啤酒，人們一定會聯想到德國。被譽爲「啤酒城」的慕尼黑其居民每年九月的最後一個星期和十月的第一個星期，都習慣過「啤酒節」。啤酒節原稱「十月節」，其起源本與啤酒無關。那是一八一〇年十月爲慶祝薩克森的公主與巴伐利亞的王子舉行婚禮，除了熱鬧的婚禮，還有緊張刺激的賽馬活動及四萬餘人參加的狂歡，整整慶祝了一個禮拜。後來，人們認爲九月底、十月初，正值收穫季節剛剛結束，天氣晴朗、涼爽宜人，需要以歡度佳節的方式來慶祝豐收，消除一年勞動的疲勞。按時序，人們就稱爲「十月節」（Oktoberfest），並決定從一八一一年起，每年都在慕尼黑舉行爲期二個禮拜之久的民間節慶。慕尼黑的啤酒聞名於世，而釀製啤酒的主要原料——啤酒花（Hopfen），其採割季節也正是在每年的九月，所以，人們爲了慶賀啤酒花的豐收，也很自然地用啤酒增添佳節的熱烈氣氛，並把啤酒作爲「十月節」的象徵，慕尼黑居民也就自豪地稱之爲「啤酒節」了。

一年一度的十月節每年都吸引了約六百萬名的觀光客齊聚於以薩克森公主命名的德蕾西草坪（Theresienwiese），歡度號稱爲全世界最大的民俗節日。傳統的彩車和古裝遊行成爲十月節最重要的一個節目。在這十幾天的狂歡節日內，慕尼黑和全國各地以及海外來的遊客消耗了多少啤酒，吃去多少香腸、烤雞、烤魚，用去多少金錢，簡直無法統計，單看那幾個大啤酒廠商所搭建的，各可容幾千人的大飲酒廳中擁擠不堪的盛況，就可以想像了。

德國人喜歡喝啤酒，幾乎什麼場合都能來上一杯或一瓶。親朋好友相聚，必以啤酒助興。許多德國人日常生活中除了咖啡、牛奶外，就是把啤酒當開水喝。怪不得德國人說：「沒有啤酒的生活會是一個悲劇」。德語中有一句俗語叫：「Das ist nicht mein Bier.」直譯就是「這不是我的啤酒」，而眞正的引申意思是「這不關我的事」。可見，在德國人心目中，不是我的啤酒的話，我就不需要管事了。

十三、好胃口！——德國人的飲食禮儀

凡是想學一門外語，需要語言交際能力的培養，有系統地獲得，並掌握詞彙、語法及句法的語言知識及訓練聽（hören）、說（sprechen）、讀（lesen）、寫（schreiben）與譯（übersetzen）等五種語言技能，使之嫻熟，並能應用自如，在外語學習裡是不能忽視的。

除了語言知識及技能的掌握之外，更不能忽視兩個國家的文化背景，必須熟悉對方的人文地理及風俗習慣等，才不會雞同鴨講，鬧出笑話，下列一則軼事即涉及文化差異而衍生出令人尷尬的情景。

在歐洲一起吃飯的習俗是動嘴吃之前，需要先祝願對方有個好胃口，吃得愉快。在德國家庭一般家人吃飯之前，當然會彼此說一句「好胃口」，有的家庭還會大人和小孩手拉手唱一小段簡短「好胃口」的歌詞，然後才開動。當別人在吃東西時，您恰巧從旁經過，不管認不認識對方，也要禮貌的說一聲「好胃口」，對方則要客氣地說聲「謝謝」。歐洲國家大都有這種習俗，比如法國人說 Bon appétit，義大利人說 Buon appetito；日本人則說：「いただきます」。但是在美洲國家則無此習俗，我們

臺灣大概會彼此說「開動吧！」

這裡的一則趣事是發生在一個美國人和一個德國人身上。在一艘橫渡太平洋同住一個船艙時，由於兩人都不懂對方的語言，更不要說習俗了。侍者送餐到船艙時，德國人由於習慣使然，看著對方講出 guten Appetit，而美國人的習俗習慣，以爲對方開口介紹自己的名字，他答了一句 Smith，意即我的名字叫史密斯（美國人的習慣是對方一開口，就是介紹自己的名字）。第一次就這樣相安無事地吃完了飯。第二餐、第三餐到第四餐時，美國人不耐煩了，老是要介紹自己。當侍者第五次送餐來時，老美對侍者說這個老德有神經病，他已經說了四次自己的姓氏，對方還是要一再地要介紹自己。侍者問老美，那個老德說了什麼。侍者向老美解釋了那是歐洲人的習俗。此時，老美認爲不好意思誤會對方。第六次用餐時，他先笑咪咪地對老德友善地說出 Guten Appetit，誰知老德一陣愕然，竟回答：Smith。

從以上所舉例子可見文化背景不同，觀念的差異是造成誤解及困擾的最重要因素，所以在學習外語時，除了要了解兩國語言的特色之外，還要對兩種文化的異同點進行比較，這樣在學習一門外語時，才能輕鬆愉快，事半功倍的掌握所欲學的語文。

肆、德國的文藝饗宴

文學表現人類的感情，反映人類的生活。每個國家皆有優秀的、永垂不朽的文學作品，透過各種不同的民族習性、思考方式、表達技巧，產生迥然不同的文學作品。德國文學其內容不但豐富，且具多姿多彩的特色。德國文學經歷多個文藝思潮，優秀作家擲地有聲的作品汗牛充棟。本章節選出一個文學主題——「兒童文學」來管窺德國文學的精華，從德國文壇裡眾多書寫兒童文學的作家依年代順序介紹格林兄弟、布西、凱斯納及奧塞這五位作家及其作品。希望能以生動的文筆、細膩的思考、深入探討在德國文學史上占一席之地的作家之作品，在一定程度上反映了那深植於日耳曼民族血脈中的精神、社會生活面貌以及人們的思想情緒。

德國素有詩人和思想家的國度之稱，在文學和哲學的領域裡，震古鑠今、劃時代的名家輩出，然而在音樂這個領域內也不遑多讓。海頓、莫札特，乃至於被臺灣學生謔稱「背多分」的貝多芬等一脈相傳的音樂家，其優美溫雅的旋律、生動活潑且明快的節奏，每每讓人有「餘音繞樑，三日不絕」之感，「音樂王國」的美譽當之無愧。德國的音樂及璀爛如繁星的音樂家可以視爲歐洲音樂史的靈魂與核心。因限於篇幅的關係，只簡短介紹幾位大作曲家。

一、德國文學

㈠格林兄弟和童話

「在很久以前……」，我們一讀到開頭的句子便知道這是格林童話了。童話中的小紅帽、白雪公主、青蛙王子、睡美人等都是家喻戶曉的故事，陪伴我們渡過童年時光，爲全世界的兒童們帶來不少歡樂。這些虛構和幻想的故事是由哥哥雅克伯・格林（Jacob Grimm，一七八五至一八六三年）與弟弟威廉・格林（Wilhelm Grimm，一七八六至一八五九年）所蒐集和記錄下來的。格林童話早已成爲世界無人不知、無人不曉的童話，先後被譯成將近百多種文字。

格林兄弟生於哈瑙（Hanau）官員家庭，父親早逝，家境貧寒，靠著一位伯母的救濟，兄弟兩人發憤向學，先後在馬爾堡大學完成法律學業。這兩位兄弟在困厄的環境中，力爭上游，互相幫助、砥礪，不但克服了橫逆，更發揮出優異的稟賦，完成了名山之業。尤其令人稱道的是他們手足情深，兄弟二人自學生時代即同榻而眠，共案切磋，及長則同屋比室而居，一生中幾乎形影不離（據說只有在一八四八年時，雅克伯當選爲國會議員，赴法蘭克福國民大會開會時分開過。）體格魁梧的哥哥處處照顧身體孱弱的弟弟。格林兄弟的成就看來像童話一樣，然而他們並不是文學天才，而是語言學家、音樂學、文法學家、卡塞爾（Kassel）圖書館樸素的管理員以及後來哥廷根大學[55]和柏林大學的教授。他們溫和恬淡的個性、彼此信賴與關愛之情，與所留下來的業績，同爲人們所津津樂道。弟弟威廉先哥哥而逝，葬於柏林附近，四年後，哥哥跟著過世，就葬在弟弟旁邊。

受到《男童神奇號角》的影響，也爲了回應阿爾尼姆的鼓勵[56]，兩兄弟開始蒐集並編輯德國民間故事。他們的目的並不是要使它成爲世界最暢銷的書籍，而是他們兄弟的一項學術研究工作，要證明「童話描繪了詩歌和民族的見解」。約從一八〇六年開始，格林兄弟花了六年時間，採用聽聞口述的方式來蒐集童話。從教士、教師、詩人、退休騎兵中士、潦倒的老騎士、裁縫師的太太、商店的售貨員、農婦、鄰居的女僕等和卡塞爾藥劑師女兒的口中聽到了不少故事，這位藥劑師的女兒成爲威廉的太太[57]。兄弟兩人皆博學多聞，但是各有所專，哥哥個性較爲踏實，治學態度嚴謹，是位語言學家；弟弟則溫文儒雅，具有審美眼光，是位文獻專家，當兩人合作蒐集、編寫童話時，哥哥強調必須忠於傳述的原貌，弟弟在原則上雖也保持同樣的態度，下筆時卻偏愛平易近人的風格及文學的修辭。最後童話則在既忠於傳說，又兼顧文學的親切動人及趣味性之下寫成，於一八一二至一八一五年出版，名爲《兒童與家族童話集》（*Kinder- und Hausmärchen*），共計兩冊，一八二二年再出版第三冊[58]。

童話的主人公接受一項任務或一個謎語，就離家出發到各地去漫遊，他們得到塵世和超塵世的人物之幫助，而完成任務。許多童話的一個主題是人類經由經驗和實踐趨向成熟的發展和進步，童話情節的發展或轉變被安排的合情合理，主人公眞正的感人力量是能夠運用自己的聰明才智、獨立自主的行動、解決問題、樂意助人也接受別人的幫助。格林童話歌頌正義、善良、勤勞、智慧、勇敢、誠實、樂於助人等美德，有這些品德的人在童話中往往有好報並得到幸福。格林童話語言簡易優美，是初學德語者最好的「德語入門」讀物。在格林童話中有很多幻想和虛構的奇異事件，人們渴望在現實世界中實現的願望無法達成，只得在童話幻想中實現。這本書在格林兄弟尚在人間便廣受歡迎，單在一八五七年就有二百個故事分由十七個不同版本編輯問世，可見《格林童話》的確是德國文化之瑰寶。

及至今日，《格林童話》的魅力依然不減，配合今日進步的科技時代，它也起著教育的功能。童話並不是一寫下就永遠不變的，而是在講述過程中，視時代的變化，適應現實的需要。比如在一個騎士故事裡，講故事的人告訴兒童城堡彼此之間可以用電話互相聯絡。當然，中古世紀的騎士用別的方法來聯絡，但是孩子們對於那些方法一無所知，所以講成打電話很容易被他們接受。又如在「糖果屋」裡的漢斯和葛蕾特這對小兄妹被遺棄在森林裡，找不到回家的路，迷路了，怎麼辦？現在的童話書發揮想像力，將森林的環境化身爲一座大城市，將無數條交叉小路畫成街道上的斑馬線、人行道、十字路口、汽車道，標上各種交通規則的標示牌，一面敘述小兄妹焦急地找路，一面趁此機會教小朋友交通安全、認識交通信號誌的功能作用，藉此教育小朋友遵守交通規則。

除了童話集，格林兄弟在學術上也有很大的貢獻。他們有時合作，有時單獨工作，他們是日耳曼語言學的奠基人。兩兄弟發現了日耳曼語和高地德語音變的過程，蒐集了兩大卷歷史傳說、爲古代和中世紀高地德語詩歌寫評論、致力研究語言學歷史及古代風俗習慣和北歐傳說。他們整理德語語法，編寫德語語言史，出版大部的《德語詞典》，成了德語語言研究的開創人。兄弟兩人獻身學術，一生著作等身。雅克伯著有《德文文法，一八一九年》、《德意志法律考古史，一八二八年》、《德國神話學，一八三五年》、《德意志語言史，一八四八年，兩冊》，威廉著有《德國英雄傳說，一八二九年》及《論韻律史》。除了《格林童話》兩兄弟還合著有《德國傳說，一八一六至一八一八年》及《德語辭典》（*Deutsches Wörterbuch*），它不是一般的釋義字典，而是德語詞源的歷史演變，對每一個德文字都有考證，但沒有釋義，詞目下先寫這個字的演變過程，證明該字從拉丁文以來的詞源變化，最後大量列舉該字從路德以來直到歌德時代在文學作品中的運用。這樣的體例使每個詞和篇幅都很龐大。故從一八三八年開始編寫，雅克伯編了A、B、C、E四個字母部分，F則只做到Frucht，威廉只編了一個字母D部分，他們去逝後，後人根據他們的範例繼續編纂，動用了學術界無數的菁英分子，一直到一九六一年才完成。

德國以很多方式來紀念格林兄弟的豐功偉業及貢獻。前西德政府特別發行一套以格林兄弟相片爲圖案的紀念郵票。德國統一後發行的新鈔票，幣值面額最高的一千馬克即印上格林兄弟的肖像。觀光局開拓了一條「童話路」，從格林兄弟誕生地漢瑙鎮的「格林紀念碑」開始，一直通到北方不萊梅市的「不萊梅市的音樂家」[59]塑像爲止，蜿蜒相連長達六百里。重印的一套三十二鉅冊，計達三萬五千頁的袖珍普及版《格林德語辭典》甫推出立刻銷售一空。根據《格林兄弟傳記》的作者格斯納（H. Gerstner）說，這本字典是「德語的里程碑」，而我們可以說《格林童話》則是童話故事的里程碑了。

㈡不朽的諷刺藝術家

創作了二千五百幅連環畫、五百首諷刺詩和兩篇小說，及受荷蘭偉大畫家的啓發，創作了一千幅油畫的威廉・布西（Wilhelm Busch，一八三二至一九〇八年）是德國的詩人兼畫家，生於漢諾威西北邊的威登薩爾（Wiedensahl）的商人家庭。一八四七年進入漢諾威理工學院學工程，因志趣不合，一八五一年退學，從一八五一年到一八六四年先後在杜塞多夫、安特衛普和慕尼黑的藝術學院學習。一八五九至七一年在「慕尼黑畫卷」（Münchner Bilderbogen）雜誌社工作，因對當局不滿，於一八七二至一八九八年返回家鄉，後遍遊奧地利、比利時、荷蘭和義大利。一八九九年隱居於哈茨山（Harz）的梅希豪生（Mechthausen），直至逝世。

布西融合畫家與小說家的天分，以創作具諷刺性質的詩畫小說聞名，作品幽默風趣，以言簡意賅及雋永文詞和詼諧的連環畫，悲觀地描繪市儈或庸人陷於自己的謊言中，並以過分的怪誕呈現自我滿足的心態。使布西一舉成名的是一八六五年的詩畫小說《馬克思和莫里茨》（*Max und Moritz*）。這本書一時風靡了老老少少的讀者。書中描寫兩個鄉村頑童，品性邪惡，對迂腐的鄉村教師、逆來順受的裁縫師以及一位視三隻母雞和一隻公雞爲全部生活內容的寡婦等人的七個惡作劇。這兩個惡劣但又有聰明鬼點子的男孩子連連幹了七樁壞事，結果惡有惡報，最後變成了黍米麵，給小雞吃掉了的這一幕，布西用押韻的詩詞，配上他畫的插圖寫道：「嘎吱吱，轟隆隆，磨坊轉呀轉，但聞響聲轟隆隆。」堪稱圖文並茂。本作品辛辣地嘲諷了德國小市民的狹隘、淺薄和墨守成規。文字流暢、語言尖刻並富有生活氣息，深受讀者歡迎讚賞，已被譯成三十多種語言，印刷發行量達四千多萬冊。還被改編成戲劇和電影。在臺灣主修德文的學生對這部作品當然印象深刻。

布西的連環畫故事中的人物不是英雄豪傑，而是些利慾薰心的可憐蟲，終日被具有愛心的同胞所困擾和揶揄，被命運所折磨。命運之神不是指冥冥之中的神力，而是指狗、蜜蜂、猴子、頑童和其他搞出各色各樣惡作劇的人。布西從不隱瞞他詩作的寓意，而這些故事的寓意都是深藏意義的，他明白無誤地表露：「善就是不作惡。」詩畫小說《帕杜阿的聖．安東尼烏斯》（*Der Hl. Antonius von Padua*，一八七〇年）和《虔誠的海倫娜》（*Die fromme Helene*，一八七二年）揭露在專制國家和教會的統治下形成的人的畸形現象，布西像他衷心敬仰的哲學家叔本華（Arthur Schopenhauer，一七八八至一八六〇年）一樣，認爲人是邪惡、愚蠢和無可救藥的；

人類出於生活本能的種種劣根性，正在毀滅自己。一有好事出現，它總是受到摧殘挫敗，無法堅持下去。一八八四年寫成的《畫家克勒克塞爾》（*Maler Klecksel*），無論怎樣費盡九牛二虎之力，始終創作不出一幅成功的藝術佳作，就連夢裡出現在他眼前的詩人也變成一隻嘲弄人的山羊。布西就是以他這樣獨特的風格把所有作品裡主人公的一切境過，甚至那最不順遂及最可憎的事物表露得淋漓盡致，使人不禁捧腹大笑。他所持的人生哲學處處引人發笑，甚至有許多人還不知道他們笑的正是他們自己。布西其他作品尚有詩集《心的批評》（*Kritik des Herzens*，一八七四年）、散文《蝴蝶》（*Der Schmetterling*，一八九五年）和詩集《假象和現實》（*Schein und Sein*，一九〇九年）等。

㈢寓教於樂的兒童文學

艾利希・凱斯那（**Erich Kästner**，一八九九至一九七四年）生於德勒斯登（Dresden），一九一六年起先後在萊比錫大學、羅史托克大學和柏林大學攻讀德國文學、歷史和哲學。一九二五年獲哲學博士學位。曾任多家報紙編輯，一九二七年起在柏林專門從事文學創作。一九三三年納粹執政後，創作活動和出版著作均被禁止。一九三四年和一九三七年兩次被捕。凱斯那的詩歌和爲小型時事歌舞表演所寫的文章不但生動，具有時評性，且政治諷刺意味相當尖酸刻薄。他的長篇小說《法比安》（*Fabian*，一九三一年），副標題是《一個道德家的故事》（*Die Geschichte eines Moralisten*），以冷嘲熱諷的筆調肆無忌殫的批評軍國主義和法西斯主義，並且也不忘以中肯的幽默尖銳地批評庸俗市民的習氣及假道德，引起社會上的轟動。一九三四年的長篇小說《雪地三遊客》（*Drei Männer im Schnee*）通過眞假百萬富翁的不同遭遇，尖刻諷刺了資本主義上層社會的荒淫無恥和拜金主義。雖然在一九三三年他的書全被焚毀，並且被禁止寫作，但他並沒有選擇流亡。反而偷偷的在國外出版他的著作，一九四二年他從事電影工作，一九四五至一九四八年任《新報》文藝副刊編輯，一九四六年創辦和出版青年雜誌《企鵝》。一九五二至一九六二年擔任國際筆會聯邦德國分會主席，後任名譽主席。一九五七年獲畢希納（Büchner）獎。

使他獲得國際性聲望的是一系列的兒童文學作品。比如《艾米爾和偵探們》，一譯《小偵探艾米爾》（*Emil und die Detektive*，一九二八年）描述艾米爾在火車上不小心，沒有記得媽媽的叮嚀「勿與陌生人攀談」，而被扒走了要帶去給祖母的一千馬克。到達柏林時，艾米爾與表妹的同伴們組成偵探隊，與綽號「教授」、「小星期二」等小朋友分工合作，嚴密周詳的計畫，終於逮到了扒走他的錢、被通緝的江洋大盜；情節宛如一部偵探片，而小朋友們的行事前計畫、跟蹤、把守、聯絡等等技巧毫不輸行家的辦事手法。《小圓點和安東》（*Pünktchen und Anton*，一九三一年）[60]描述綽號小圓點的富家小女生，如何幫助單親家庭的同班男同學安東，情節溫馨感人，賺人熱淚。《飛行的教室》（*Das fliegende Klassenzimmer*，一九三三年）[61]描述一個被領養的孤兒，養父由於工作關係，將他送到一所寄宿學校去，由被排斥到被接納，融入同學團隊的過程。《口是心非的小洛特》（*Das doppelte Lottchen*，一九四九年）等都是孩子們百讀不厭的童書，不但翻譯成世界各國語言，而且搬上銀幕，並且每隔幾年就又以不同的手法重新攝製成影片，可見它們受歡迎的程度了。

㈣父與子

以光頭、蓄著濃密鬍鬚、身材發福的父親和有一頭蓬亂頭髮的兒子之造型的四至八幅一組的連環畫，在八十年前風靡了德國，描寫這兩個情趣橫溢的父與子日常生活及父與子之間的互動爲題材的漫畫使人笑逐顏開。故事情節趣味橫生，寓樂於教，往往有令人意想不到的結局，雖無文字解說，但按照順序的漫畫插圖淺顯易懂，令人笑出無數的眼淚。《父與子》的三卷套本，共有一百五十多個故事，暢銷全世界，在許多國家都用來作教科書的插圖，因而爲學齡兒童所熟悉。同時借助故事內容的含義也使成千上萬的人了解德國。在臺灣設有德文系的大學，當學生們在研習德語的課程時，老師往往也以《父與子》的漫畫插圖訓練學生的「說」與「寫」（即看圖敘述內容情節）的語言能力。每個人以學會的德文，用自己的觀點去敘述、解說大多爲六幅一組的連環漫畫，由於不同的看法與思考，在敘述時當然會有各種表達，同學們也往往樂開了懷，笑聲洋溢在課堂上，增加學習效果。

《父與子》的漫畫是德國的畫家及諷刺畫家艾利希・奧塞（Erich Ohser，一九○三至一九四四年）在三十年代以E. O.普勞恩筆名問世的。E. O.是他原姓名的簡寫，普勞恩（Plauen）[62]的筆名淵源於哺育他成長的城市名字。奧塞的《父與子》於一九三三年起在柏林的圖畫報（*Berliner Illustrierte Zeitung*）連載，後集結成冊出版。他被凱斯那[63]稱讚爲繼威廉・布西[64]以來最優秀的連環畫故事作者。他從來沒有眞正被人們所遺忘，《父與子》是奧塞與他的兒子快樂地一起嬉戲，父子互動之間的點點滴滴，這經歷給予他藝術的靈感，使他創作了大多四至六幅畫面的《父與子》漫畫故事。

奧塞是一位社會批判藝術大師。他爲社會民主黨的報刊「前進」（Vorwärts）工作，直到一九三三年希特勒在德國上臺執政時爲止。因他以諷刺性的閃電速寫畫家公開反納粹，納粹政府禁止他作畫時，他一點也不感到突然。他還是在好朋友的幫助下，成功地避開了禁令，以普勞恩的筆名出版了他那遐邇聞名的連環畫。後來，他被告發而判處死刑，爲了免受納粹的處決，他在四十一周歲生日之前不久，自殺於柏林的監獄。

二、德國音樂

㈠音樂之父：巴赫（Johann Sebastian Bach，一六八五至一七五〇年）

巴赫出自音樂世家，五代祖先皆從事音樂創作，巴赫的作品刻畫著深奧的巴洛克生活意識。他生於德國中部的艾斯那赫（Eisenach），年少時即展露他的音樂才華，從父親那裡學會了拉提琴，從哥哥那裡學會了彈鋼琴。對於音樂的熱愛，可從他不放棄任何一場演奏會看出來。十五歲時，家貧，爲了聆聽當時已高齡七十七歲著名的風琴家雷因肯（Johann Adam Reinken，一六二三至一七二二年）的演奏，他從就學的呂內堡（Lüneburg）徒步三十英哩趕到漢堡。風琴音調使他陶醉，他竭盡全力刻苦學習，終於學會彈奏風琴。一七〇五年時，德國著名的風琴大師布克斯特胡德（Dietrich Buxtehude，一六三七至一七〇七年，作了一百多首大合唱的曲子、鋼琴組曲和鋼琴變奏曲，還有改編合唱曲子、前奏曲和賦格曲）在呂北克（Lübeck）演出時，巴哈爲觀摩布氏的演奏及瞻仰大師的風采，向工作單位請假四週，徒步二百英哩來到呂北克，大師的風琴技藝令巴赫嘆爲觀止。

巴赫的一生奉獻給音樂，他的經歷平淡無奇，從一七二三年在萊比錫的湯瑪士教堂（Thomaskirche）擔任音樂總監和音樂教師到一七五〇年去逝，可說一生與音樂為伍。巴赫是多才多藝的作曲家，作品質量並佳，作有交響曲、鋼琴曲、提琴曲、笛子演奏曲和風琴曲等各種樂曲五百餘首，以賦格曲顯示的對位風格是其創作複調音樂的特點。此外，他又寫有數量豐富的聖歌及康塔特[65]。其宗教音樂反映了新教和神祕主義的思想，歌詞含著濃郁的宗教氣氛，同時兼具詩律和韻律感。人們將巴赫的多聲部作品、風琴音樂、康塔特和耶穌受難曲稱為「聲音裡的哥德式大教堂」。因為在那聲音裡面融合了明朗的理性和深沉、神祕的虔誠。巴赫將新教詩人葛爾哈特（Paul Gerhardt，一六〇七至一六七九年）的讚美詩選入他的《馬太受難曲》；葛氏悲愴的用詞配上巴赫震人心弦的曲子，聽了之後，無不令人動容。最著名的譜曲尚有《聖誕節樂曲》和《H 小調——彌撒》。在音樂會方面的作品有他為布蘭登堡公爵寫的六首《布蘭登堡協奏曲》、六首大提琴組曲、四首序曲，二部《平均律鋼琴曲集》和《賦格曲藝術》，無不令人擊節讚賞為「仙樂」。

巴赫的音樂天賦加上他後天的努力，給世人留下了豐富的精神食糧，可惜在他生前和死後很長一段時期裡，並不被人們重視。不過，巴赫眞正再度引起眾人的注意，是經由很多音樂家肯定了他偉大的成就。當莫札特聽到巴赫的聖歌《向上主唱新歌》時，彷彿被雷電擊中似的喊著：「這是什麼音樂？我終於找到可以仿效的對象了。」貝多芬在維也納榮獲鍵盤大師美名時，演奏的正是巴赫的《十二平均律》呢！孟德爾頌（Felix Mendelssohn Bartholdy，一八〇九至一八四七年）[66]讓巴赫的作品廣爲人知也功不可沒。當時才二十出頭的孟德爾頌聽到《馬太受難曲》後，深受感動，決定在一八二九年，也就是這首曲子在萊比錫首演後的第一百年親自指揮演奏。當時聆聽這場演出的聽眾，莫不深受感動而熱淚盈眶，巴赫音樂的藝術價值再度獲得人們的肯定，尊崇他爲巴洛克和古典音樂的開山祖師，並譽爲歐洲的音樂之父。

(二)幸運的音樂家：韓德爾（Georg Friedrich Händel，一六八五至一七五九年）

與巴赫齊名，且同年生的韓德爾，際遇比巴赫好得多，在世時即享盛名。他出生在哈勒（Halle）的一個醫生家庭，從小也展露音樂天賦，與巴赫一樣，對布克斯特胡德的風琴技藝相當著迷，爲了聽一場萊比錫的聖湯瑪斯音樂會，他也從哈勒徒步前往聆賞。韓德爾的父親要他學法律，同時也允許他兼習音樂，一六九二年學習風琴，一七〇二年獲得了他的第一個風琴師職位。到十八歲，父親死後，他馬上放棄法律，專心致力於音樂的研習。一七〇三年擔任漢堡歌劇院管弦樂隊提琴手。一七〇五年他寫出了第一齣歌劇《阿爾米拉》大獲成功。一七〇七至一七〇九年他去義大利深造，寫了多首世俗和宗教的康塔特，也寫歌劇和清唱劇。一七一〇年回德國，擔任漢諾威選侯的宮廷教堂樂長。一七一一年赴英國，他的歌劇《利那多》在倫敦首演，大獲成功。一七一二年秋天他決定在英國定居。一七一三年寫了兩齣歌劇《獻給全能之神和歡欣慶祝》及《安妮皇后之生日頌歌》，一七一五至一七一七年的《水上音樂》（*Wassermusik*）將英國的民間音樂和宗教合唱藝術融合在一起，佐以巴洛克華麗、優美又流暢的旋律，幽雅動聽，膾炙人口，遂贏得英王的寵愛。

一七一九年韓德爾受委任創立了「皇家音樂學院」，一七二〇至一七二八年之間他發憤寫了十四齣義大利歌劇，齣齣叫座，使他譽滿全歐洲。一七二八年，因經濟拮据，他主持的皇家音樂學院不得不解散。從大約一七四〇年起，韓德爾致力於譜著大型的聲樂曲，在二十二首這類型的音樂中，最突出的是寫於一七四二年的《彌賽亞》（*Messias*）這首聖樂，成爲十九世紀合唱曲中之聖品及合唱團獻唱的標準作品。他的聖樂既具有嚴肅的宗教意味，又具有在英國和歐洲流行的啓蒙思想，內容反映了新興資產階級爭取自由民主的要求。韓德爾的音樂反映了巴洛克時代的宇宙觀，他譜寫的音符像數學那樣嚴謹，使人憶起在古希臘、古羅馬傳說中只有神才聽得見的天籟聲音及天文學家凱普勒（Johannes Kepler，一五七一至一六三〇年）對天體運動中產生的樂聲新理論，而其音樂感則是充滿了熱情洋溢和快樂的歡呼。

韓德爾在義大利時，讓他印象深刻的是義大利歌劇藝術。在音樂創作上，他把義大利的旋律和德國的對位法結合起來，這種完美的融合達到登峰造極的境界。除了三十多齣歌劇及聲樂作品外，同時創作了爲數不少的器樂作品，計有十八首大協奏曲、三首雙管弦協奏、大約二十首風琴曲、爲數頗豐的三重奏鳴曲和獨奏曲（包括小提琴、雙簧管[67]、豎笛和橫笛）及二十多首鋼琴組曲。一七五一至一七五二年，當他正努力作聖樂曲《葉法塔》（*Jephta*）時不幸雙目失明。失明七年後才逝世，內心的痛苦可以想見。但逝世之日，英王以隆重的葬禮厚葬於倫敦西敏寺大教堂（Westminster Abbey），亦頗有哀榮。

說來也很湊巧，巴赫和韓德爾生於同年、同國、同樣是高齡去逝，兩人到晚年時，由於長時間用眼過度以致遭到雙目失明的痛苦。在音樂方面，巴赫於器樂上完成賦格形式，韓德爾卻從聲樂曲上去試用賦格，創作了不朽的《彌賽亞》。巴赫爲人謙沖溫和、誠實、熱心宗教。韓德爾也是一位剛正熱心、好善嫉惡、心地慈悲的人。所以巴赫及韓德爾兩人堪稱志同道合，並在德國音樂史上扮演開路先鋒的角色，同時創下了彪炳的功績。

㈢古典音樂之父：海頓（Joseph Haydn，一七三二至一八〇九年）

海頓生於南奧地利的羅勞（Rohrau）工人家庭，其父母在工作時，經常哼唱歌曲、吹口哨，讓他留下深刻印象。八歲進入維也納聖樂學校求學，十七歲時，在史蒂芬大教堂（Stephansdom）擔任義大利名聲樂家及作曲家頗波拉（N. Porpora）的侍童，頗波拉看他資質不錯，不時給予指導，奠下他日後作曲的基礎。一七五九年至一七九〇年他曾在不同的王公貴族府邸擔任過樂隊隊長。海頓是個多產的作曲家，他的創作主題融合了奧地利、斯拉夫和匈牙利的民族音樂。他一生作有彌撒曲、古典的奏鳴曲、歌劇、神劇（又名聖劇或清唱劇，以《聖經》故事爲內容的大型聲樂曲）、交響樂、弦樂四重奏等；在他一生當中寫了一百〇七首的交響樂，故又有「交響樂之父」的尊稱。一七九一年他赴英國倫敦，接受倫敦大學頒贈的榮譽博士頭銜，他爲此行所作的《牛津交響曲》（*Oxford-Sinfonie*）大受歡迎。當他完成兩部他最具代表意義的清唱劇《四季》（*Die Jahreszeiten*）及《創世紀》（*Die Schöpfung*）時，已年近古稀，一八〇九年五月法軍進攻維也納，海頓憂心忡忡，於五月底溘然辭世於維也納。

海頓的音樂作品洋溢著平民氣質，濃郁的宗教氣息及人性活潑愉悅的氣氛。他的著名交響作品有：《降E大調交響樂》、《D大調交響樂》、《G大調交響樂》及《時鐘交響曲》等，曼聲清音及美妙的旋律使人陶醉。海頓的弦樂四重奏之創作帶給後起之秀很大的啓示和影響。弦樂四重奏的篇章組織和交響樂一樣，不同的只在於由四個人合奏，兩個小提琴、一個中提琴和一個大提琴所組成。他最著名的四重奏作品有：《D小調弦樂四重奏》、《G大調弦樂四重奏》和《A大調弦樂四重奏》等，節奏旋律均十分優美動人。他的聖劇作品《創世紀》描寫宇宙洪荒，一片混沌中，上帝欲思創立萬物，並讚美頌揚上帝偉大的成功。

㈣音樂神童：莫札特（Wolfgang Amadeus Mozart，一七五六至一七九一年）

無可否論，莫札特是全世界最著名的音樂家，這位有神童之稱的作曲家生於奧地利莎茨堡的一個音樂家庭，父親即是他的啓蒙老師。他三歲學琴，五歲就會作曲。有關這位神童的軼事不少，在此舉兩例說明。有一天，有一個客人來拜訪莫札特的父親，看見一個滿頭金髮的小孩子趴在地上，在五線譜上畫畫寫寫，還以爲這個孩子在作遊戲呢？他拿起五線譜一看，原來是莫札特作的曲子。居然作得很合規格，簡直無懈可擊，那個客人和父親都驚訝極了。還有一次，擔任大主教宮廷樂師的莫札特父親爲音樂院院長作了一首新的舞曲，這首舞曲是爲院長的女兒的舞蹈表演特意譜寫的，因爲時間倉促，父親對自己的曲子沒有信心，便讓莫札特連夜給院長送去。誰知這個曲子獲得了很大的成功，使舞蹈家的表演征服了許多觀眾，院長父女便登門向莫札特的父親致謝，父親謙虛地說：「如果時間充裕的話，我可能會作得更好的。」院長父女驚訝地說：「這就夠好了，我們非常滿意。」他倆即興就著鋼琴彈了這個舞蹈曲子。莫札特的父親聽了就說：「您們搞錯了吧！這不是我作的曲子。」院長指著在一旁玩耍的莫札特說：「沒搞錯，正是昨晚，你孩子送來的曲子。」莫札特這才說明原委。原來他在昨晚送曲譜的路上，忽然刮來一陣大風，把父親作的曲子吹走了，他只好自己在路上臨時作了一首舞曲送給院長，這就是使舞蹈家獲得成功的那首伴舞曲子，父親聽後激動不已，從此開始教莫札特作曲。

莫札特六歲時，父親帶著他及姊姊巡迴歐洲各大城市演奏，所到之處莫不令眾人嘖嘖稱奇。他的節奏穩健，記憶力及聽力都極強，能分辨出一個全音的八分之一音程及一音不差地重彈聽過的複雜龐大的全部樂曲。莫札特不但能彈奏，技藝超群，也能譜曲，且樂譜寫作速度之快亦十分驚人。他的音樂眞是光芒萬丈，每當人們聽到其美妙無比的旋律，都會不由自主的讚嘆「此曲只應天上有，人間哪得幾回聞」。而那句「餘音繞樑，三日不絕」用在莫札特的樂曲上是再貼切不過了。在早期三次的義大利之旅，其音樂知覺和風格上之塑造承襲義大利風格，而也經由此再創造他自己個人的品味。比如有次在回莎茨堡的途中，他寫出著名的莫扎特式鋼琴和小提琴演奏曲，一如他的老師也是他的朋友海頓的音樂作品，融合著光彩奪目的歡愉及和諧。他的創作甚多，一七七一至一七八一年是創作豐收期。一七八二年結婚，他的婚姻實在是後半生一切痛苦的發軔，性格豪爽，不知逢迎，一輩子未得到社會及貴族的支持，開支又無節制，種下了日後窮困的日子。在遷居維也納後，生活陷於拮据。環境的困頓窮苦，使他的作品蒙上了憂愁與陰鬱的氣氛，而此時也即是他多才多藝的音樂創作達於登峰造極之境界。

莫札特的音樂無論哪一種形式的作品至今仍是上演不輟；十九部的歌劇作品

中，《費加洛的婚禮》、《魔笛》和《唐・吉凡尼》都是大家耳熟能詳的。《魔笛》是部老幼咸宜的作品；《唐・吉凡尼》則被評爲音樂領域之中的《浮士德》。在器樂方面的創作，以交響樂及奏鳴曲的作品最爲精緻，他首創有個人風格的鋼琴演奏會、小提琴演奏會、長笛演奏會、圓號（法國號）演奏會及單簧管（黑管）演奏會；這類作品最著名的有《G小調交響樂》、《C大調交響樂》、《降E大調交響樂》、《D大調交響樂》、《D大調提琴協奏曲》、《A大調鋼琴協奏曲》、《C大調弦樂四重奏》、《G大調小夜曲》、《B大調小夜曲》及《小舞步曲》。他的歌爲浪漫派的藝術歌曲奠下良好的基礎。在教堂音樂方面他也留下無數的作品，《安魂曲》（*Requiem*）是他未完成的作品，他也是在寫作此曲時逝世的。相傳死前曾有一著黑衣服的神祕人物來請他作《安魂曲》，莫札特恍然預感大限將到，此時他的健康已惡化，仍抱病寫作，不久即逝世於維也納。

莫札特的音樂節奏明朗愉快、旋律和諧雅潔，聆聽他的樂符往往讓人心曠神怡，將煩惱憂鬱一掃而空。幾年前的報紙有一篇報導說，國外的科學家們研究出常聽莫札特的音樂會變得聰明。這篇報導佐以莫札特的音符分析圖及腦波掃描圖。是否眞如此，我們不敢加以肯定，但聆聽莫札特的音樂的確是一種享受，這是毋庸置疑的。

奧地利爲了紀念這位偉大的音樂家，每年在他的誕生地舉辦「莎茨堡音樂節」，吸引世界各地的莫札特樂迷朝聖。莫札特留下四十七部交響樂、二十七部鋼琴協奏曲、三十七部小提琴奏鳴曲、十九部歌劇及一百餘部其他各類樂曲如小夜曲、四重奏、五重奏及彌撒曲等之作品。莫札特猶如彗星殞落一般，雖然僅活了三十五歲，但他的豐富樂曲作品至今不論空間與時間，無分種族與國界，大家都一致百聽不厭，一如其名阿瑪狄斯（Amadeus），有「上帝最喜愛的」之意思，上帝賦於他天分，而他也善加發揮，爲我們留下膾炙人口的作品。

(四)耳聾仍創作不輟的音樂家：貝多芬（Ludwig van Beethoven，一七七〇至一八二七年）

貝多芬生於波昂，但他選擇音樂之都維也納爲他的定居地。這位被世人尊爲「樂聖」的音樂家一生坎坷。他四歲開始學鋼琴，其父望子成龍的心態，使小貝多芬吃盡苦頭：父親嚴厲的督促及持之以恆的苦練，打下了良好的基礎。十七歲以後，由於父親終日酗酒，不務正業，家庭的負擔全落在身爲長子的貝多芬身上。一七九二年拜海頓爲師，是時已漸漸嶄露其才華，受到當時奧地利社會的重視。莫扎特曾在聆賞他的作品後，讚譽道：「他將要騷擾這世界！」。在他的創作正邁向成功的顛峰時，這時他卻耳聾了。他自己曾異想天開的請人打造一個特大喇叭，喇叭管的吹口很長很細到可以塞到他的耳朵，他將喇叭放在鋼琴上，試著藉此將他彈奏的音符送進他的耳中，當然這是極可笑又極蠢的事情。但是他的不服輸精神，向命運挑戰的勇氣，這股堅強的意志力，發音樂之至情，照耀千古[68]。這個特製的喇叭目前保存在波昂的貝多芬之家。

貝多芬的作品氣質初期仍充滿海頓和莫札特樂風，海頓是交響樂的創始者，莫札特加以發揚光大，到了貝多芬手裡時，則將交響樂推至登峰造極之境界，輝煌的畫下句點。貝多芬的音樂雖無德國古典音樂的親切，但他的樂思卻透露出面對眞實及困難時，是不會聽天由命地讓人擺布的。他的作品相當多，在曲式方面有完美嚴謹的結構，在內容上更擴展了它的領域，趨向於人性的體驗和生活的寫實。交響樂方面的作品有《C大調交響樂》、《D大調交響樂》、《降E大調交響樂》（又名《英雄交響樂》），貝多芬作這首曲子時，聽到拿破崙爲法國謀自由幸福時，心甚景仰，因貝多芬喜讀柏拉圖的《理想國》一書，認爲拿破崙即將實現他心目中的理想國，譜面寫著

「獻給拿破崙之交響樂」，並擬從德國送去給這位英雄。後傳來拿破崙稱帝之消息，據說貝多芬憤怒地將譜稿撕碎棄於地上。貝多芬與歌德原爲莫逆之交，但兩人的性格南轅北轍，對思想與做人態度抱有不同的觀點。有一次，兩人在公園散步，後面傳來馬車聲及趾高氣揚的吆喝讓道之聲，這是表明有王公貴族的車子要經過，路人必須讓道（據說當時是拿破崙的座車）。貝多芬頭也不回逕自往前走，歌德卻脫下帽子並且畢恭畢敬地站在原地讓馬車經過。事後，貝多芬大大地責備了歌德一番，他最不諒解歌德的逢迎拍馬和僞善，最後兩人分道揚鑣。

貝多芬堪稱交響樂大師，著名的九首交響樂，除了前面列舉的C大調、D大調及降E大調交響樂之外，尚有《降B大調交響樂》、《C小調交響樂》（又名《命運交響樂》）、《F大調交響樂》（又名《田園交響曲》係6/8拍子的）、《A大調交響樂》、《F大調交響樂（一名F調小交響樂）》及《D小調交響樂》（又名《合唱交響樂》，即在第四樂章將《歡樂頌》的詞譜成合唱曲，也即通稱的《第九交響曲》。）貝多芬的協奏曲，以《D大調提琴協奏曲》及《第五降E大調鋼琴協奏曲》（又名《皇帝協奏曲》）最爲著名。序曲有《莉奧諾拉序曲》，是他爲唯一的歌劇作品《費德利奧》（*Fidelio*）劇中的女主角譜寫的；《艾格蒙特序曲》是根據歌德的同名劇本而寫，以及《柯莉奧蘭諾斯序曲》較爲著名。奏鳴曲方面則有《升C小調月光奏鳴曲》，相傳貝多芬於某夜散步於郊外，見有一盲女在燈下彈奏他的作品，因此入訪盲女，指點彈奏技巧，並即興的演奏一曲，聽者均受感動。他回家後將譜寫出，此即著名的《月光曲》之由來。《C小調悲愴奏鳴曲》、《F小調熱情奏鳴曲》、《華倫斯坦奏鳴曲》[69]及《A大調奏鳴曲》，也都是音樂會常見的曲目。

貝多芬死時也和莫札特的情景一樣，風雨如晦，雷電交加，但他向著空中憤怒地揮拳，表示他不屈服，向命運挑戰。其求生意志之堅強，發音樂之至情，千古照耀，長留人間。

(五)歌曲之王：舒伯特（Franz Schubert，一七九七至一八二八年）

舒伯特生於維也納。父親是小學校長，家裡兄弟姊妹眾多，他排行十三。五歲時，父親教他小提琴，哥哥教他彈鋼琴，八歲時，拜師學習唱歌、彈琴和對位法。一八一四年在父親的學校教書，一八一八年起，成爲專業作曲家。舒伯特是貝多芬的崇拜者，尤其對貝多芬的《命運交響曲》更是佩服得五體投地；舒伯特的交響樂《C

大調交響樂》與之有共鳴交集，在本交響樂中具有貝多芬命運交響樂的氣魄，勇武健壯，百折不撓。《B小調未完成交響樂》的樂譜是在他死後十年才發現他的原稿，本曲只有兩個樂章，所以稱爲「未完成交響樂」。此《B小調交響樂》和《C大調交響樂》皆在舒伯特死後才公開演奏，佳評如潮。不久，又在德國各地普遍演奏，被視爲舒伯特一生最偉大的作品。樂曲優美可愛，感情豐富，幻想生動，大獲好評。

舒伯特創作的重點是在爲歌寫譜，一生中總共寫有六百多首可由鋼琴伴奏的歌曲，光爲歌德的詩譜的曲就有八十首，其中最膾炙人口的是《魔王》及《在紡織輪旁的葛蕾馨》。《聖母頌》（*Ave Maria*）有虔誠、敬仰與美感的氣氛，《聽聽那雲雀》（*Horch, horch, die Lerch*）清新流利的旋律有名謠的風格。據說本曲是在一八二六年七月的某一天，舒伯特與友人在酒店飲酒時，見友人手裡拿著莎士比亞的雲雀詩，他隨口朗讀了幾句，突然靈思泉湧，急忙把菜單翻過來，畫上五線譜，走筆疾書，十五分鐘一首優美的曲子即告完成。舒伯特《歌曲之王》的美譽名至實歸當之無愧。他不管在什麼地方、什麼時間、腦子裡都有源源不絕的靈感，隨便一寫便是一首優美的歌曲，難怪朋友們都開玩笑說，他的音樂是從口袋裡掏出來的。又有一次，他饑餓難忍，雖然身無分文，但他走進維也納一家飯館。他的目光偶然落到桌子上的一份報紙，那上面刊著一首小詩，他就配上樂曲，交給店主，換了一客馬鈴薯吃。舒伯特死後三十年，這樂曲手稿以四萬法郎的高價在巴黎被拍賣，這就是舉世聞名的《搖籃曲》。

舒伯特所寫的詩歌組曲可說無分國界，千古傳唱不輟。一八二四年的《美麗磨房女》（*Die schöne Müllerin*），一共有二十首歌。在音樂方面，描寫溪邊風光、農村景色及愛情煩惱皆恰到好處。一八二七年秋的《冬之旅》（*Winterreise*）共有二十四首歌曲，描寫旅人遠離故鄉的憂愁，有一貫的沉鬱色彩，其中第四首的《菩提樹》是大家耳熟能詳的。連臺灣的中小學音樂課本皆將此首列入教唱歌曲之中。舒伯特被封爲十九世紀前半葉代表初期浪漫主義的「歌曲之王」，並以代表作「未完成交響曲」及歌曲集《冬之旅》被尊崇爲是一位回歸到帶有莫札特清新古典美的奧地利音樂家，名至實歸。一八二八年的《天鵝之歌》（*Schwanengesang*）一共有十四首歌，這十四首當中的第四首就是著名，而人人所熟稔的〈小夜曲〉。歌曲婉轉動人，十分好聽。以上這三大歌曲集，各曲之詞意情緒及旋律曲調均有一連貫性，是舒伯特生活之體驗，是痛苦精神的升華。

《鱒魚》清脆悅耳的音符，描寫鱒魚戲水的歡樂之情，趣味盎然，彷彿讓人感同身受地體會鱒魚無拘無束的心情，是大家都不陌生的歌曲，這也是舒伯特最得意的作品。然其樂器曲的作品亦不容忽視。一八一九年他根據此歌，作出美妙的《鱒魚五重奏》。五重奏即是弦樂四重奏再加上鋼琴。但舒伯特這首五重奏有點創新，他用小提琴、中音提琴、大提琴、低音提琴，再加入鋼琴，譜出這首妙趣雅麗的五重奏。《死神與少女四重奏》全曲充滿幻想，死神的恐怖與少女的溫柔成強烈的對比。全曲可視作少女與死神的對話，死神低聲誘惑，繼之強迫威脅，少女哀求婉拒，終於還是敵不過死神，被強行擄走。本曲悲哀又莊嚴，彷彿是送葬進行曲。舒伯特尚寫有彌撒曲、進行曲及序曲等多部作品。

貝多芬臨死前，對舒伯特高度評價，把戒指傳給了他。舒伯特生前沒沒無名，貝多芬去逝時曾去送葬，歸途中，偕數位友人於小酒店飲酒時，他曾舉杯說：「爲我儕中先逝者乾杯！」不幸，翌年這麼一位才華洋溢的音樂家，一八二八年十月寫完《天鵝之歌》曲集第八至十四首時，即患傷寒症逝世，得年三十一歲，葬於貝多芬墓旁。十年後，舒曼（Robert Schumann，一八一〇至一八五六年）整理其遺作，不斷介紹，奠定了舒伯特在音樂的崇高地位。

㈥被希特勒連累的音樂家：華格納（Richard Wagner，一八一三至一八八三年）

華格納生於萊比錫，因母親是一位演員，藝術造詣也很高，繼父是位畫家。他九歲時，對戲劇開始感到興趣，十三歲時，曾將荷馬的敘事詩《奧德賽》譯成德文。十四歲時，讀了莎士比亞的《哈姆雷特》劇本後，深受感動，即著手寫劇本。後來聆賞了莫札特、貝多芬及韋伯（Carl Maria von Weber，一七八六至一八二六年）【70】的音樂後，他決心學習音樂。一八三〇年進入萊比錫大學攻讀音樂、哲學和美學，並從名師學習鋼琴和音樂理論。這時十七歲的他改譜貝多芬的《第九交響曲》，同時也嘗試創作自己的樂曲。一八三二年開始作曲，曾寫有《降B調奏鳴曲》、《波蘭舞曲》及《C大調交響樂》，這些曲於一八三三年由孟德爾頌指揮演出，獲得萊比錫市民的讚譽。一八三三年在烏茨堡（Würzburg）擔任劇院的合唱主任，直到一八三七年曾在德國各城市擔任音樂總監。一八三七至一八三九年赴立陶宛的里加（Riga）擔任音樂總監，一八三九年因債臺高築，只好祕密離開里加，逃亡巴黎，一八四二年返回德勒斯登擔任樂隊指揮。一八四八年因參加政治革命，被通緝而逃亡瑞士蘇黎市。一八六〇年特赦政治犯時，才返回德國。

雖然華格納一生動蕩不定，但他的音樂創作從沒有間斷。他一生最大的轉捩點應該是一八六三年獲得巴伐利亞國王路德維希二世（Ludwig II.，一八四五至一八八六年）[71]的賞識，擔任慕尼黑劇院指揮，給以厚俸，生活趨向安定，時有佳作推出。最大的恩寵則是路德維希二世賜於他在拜魯特（Bayreuth）的土地，完全由他設計與建造劇場。一八七六年開始啓用上演他的全部樂劇；直到現在每年都舉辦一年一度的拜魯特音樂節，吸引全世界的華格納樂迷共襄盛舉。一八七〇年，華格納娶李斯特（Franz Liszt，一八一一至一八八六年）女兒柯西瑪〔Cosima，已與前夫鋼琴家暨音樂指揮家布洛（Hans von Bülow，一八三〇至一八九四年）離婚〕爲妻，過著一段愉快的生活。一八八二年最後一部樂劇《帕齊伐爾》（*Parzival*）公演後，健康惡化，仍攜眷往義大利威尼斯（Venedig）休養，翌年因心臟病逝世於威尼斯。

華格納的音樂對處在新音樂門檻上的奧地利音樂家布魯克納（A. Bruckner，一八二四至一八九六年）、波希米亞音樂家馬勒（G. Mahler，一八六〇至一九一一年）、史特勞斯（R. Strauss，一八六四至一九四九年），及奧地利音樂家荀貝格（A. Schönberg，一八七四至一九五一年）都有很大的啓發；他的音樂和他的哲學性思考作品常常一再地吸引作家，比如法國作家波特萊爾（C. Baudelaire，一八二一至一八六七年）、蕭伯納（B. Shaw，一八五六至一九五〇年，愛爾蘭作家，一九二五年獲諾貝爾文學獎）和湯瑪士・曼（德國作家，一九二九年獲諾貝爾文學獎）的注意力。哲學家，比如尼采（F. Nietzsche，一八四四至一九〇〇年）、瑞士作曲家布洛賀（E. Bloch，一八八〇至一九五九年）及德國哲學家、社會學家及音樂理論家阿多諾（T. W. Adorno，一九〇三至一九六九年）也都一一審閱他的著作。

華格納身兼詩人、作曲家與音樂家的身分，使他致力於「樂劇」（Musikdrama）的創作。他的音樂根植於晚期一種自覺的的浪漫派藝術，他的世界觀與叔本華和尼采的哲學密不可分。他早期曾寫歌劇，作品有《仙女們》（*Die Feen*，一八三三至一八三四年）、《禁愛》（*Das Liebesverbot*，一八三四至一八三六年），及《黎恩齊》（*Rienzi*，一八三七至一八三九年）。後來他創立的樂劇即是音樂與對話並重，音樂必須盡力表現詞意，而詩詞必須擴大其音樂性，成爲音樂、文學、繪畫、舞蹈、造型、建築、雕刻、布景等藝術的綜合表現；比傳統的歌劇（Oper）更完善的展現藝術，這種「音樂」與「文學」的結合相得益彰，實是藝術史上劃時代的里程碑。華格納能譜曲、彈奏樂器及指揮樂隊，也能寫作。他的樂劇作品素材出自日耳曼英雄史詩、中古世紀的德國文化遺產及純粹美學的基督教義。作品主題環繞在罪惡、痛苦、解脫、愛情和死亡。華格納的樂劇作品有《漂泊的荷蘭人》（*Der fliegende Holländer*，一八三九至一八四一年）、《唐懷瑟》（*Tannhäuser*，一八四二至一八四五年）及《隆恩格林》（*Lohengrin*，一八四五至一八四八年），隆恩格林即天鵝騎士，這齣樂劇的前奏曲氣魄雄偉，尤其是第三幕隆恩格林與愛爾莎公主結婚時所唱奏的〈結婚進行曲〉，旋律純眞美麗，即現在於結婚典禮時，大家所熟悉的曲子[72]。一八四八年華格納開始寫《尼布龍根的指環》（*Der Ring des Nibelungen*），由於詩句費時，他整整寫了二十六年才得以完成。這齣需要耗時四天才能演完的音樂劇，於一八七六年在拜魯特節慶劇院落成典禮時，第一次公演；包括第一部《萊茵的黃金》（*Das Rheingold*）、第二部《華爾克兒》（*Die Walküre*）、第三部《齊格菲之死》（*Siegfrieds Tod*）及第四部《諸神的黃昏》（*Götterdämmerung*）。要觀賞此四部情節相扣的連環樂劇必須於演出的一年前即訂票，否則往往會向隅，亞洲樂迷以日本愛樂者較欣賞華格納的樂劇。《特里斯坦和伊素爾德》（*Tristan und Isolde*，一八五七至一八五九年）情節與《梁山伯與祝英臺》有異曲同工之妙，是一部令天下有情人皆一掬同情之淚的愛情悲劇之音樂劇。而《紐倫堡的名歌手》（*Die Meistersinger von Nürnberg*，一八六一至一八六七年）則是一齣喜劇。

華格納樂劇的特色與創新即是每齣戲都會先有一段序曲或前奏曲，並將樂劇的劇情內容所出現的主題，比如愛情、名譽、思想、勇敢、忠誠、信心、歡樂及悲傷、懦弱、陰謀、背叛、狡詐等抽象觀念，都賦與它們一種「音樂動機」，亦即用不同的樂符旋律代表一種特定人物或氣氛；另外「主導動機」可以是片斷的旋律，一連串的和弦或一些節奏形式，視劇情的需要而出現、變化或發展。因此，戲劇的本質——情感的表達與淨化就包涵在音樂中，而音樂就是戲劇的本身。華格納在樂劇中讓交響樂伴奏，再由男、女聲獨唱或合唱，突顯劇情內容，即它是以戲劇爲主題，再配以音樂，用音樂來描寫戲劇的「樂劇」。爲了表露他對藝術的主張與理想，他發表了一系列的理論作品，比如《歌劇和戲劇》、《未來的藝術作品》、《藝術與革命》、《藝術與氣候》及《致吾友們》。

華格納才學淵博、氣魄宏偉，一生爲音樂戲劇努力，將世界歌劇的領導地位由義大利轉移到德意志。華格納的樂劇題材大部分取自中古世紀的文學與藝術，擇取能表達日耳曼民族的精神與思想的情節，配以主題動機，重複出現，不厭其煩地強調；第二次世界大戰方熾之時，希特勒爲鼓舞軍中士氣，不遺餘力提倡華格納的音樂。希特勒曾說過，聆聽華格納的音樂，觀賞華格納的樂劇能使他精神振奮、勇氣百倍。就因他殘殺六百多萬猶太人的史實，犯下空前絕後的天怒人怨之滔天大罪，所以華格納的音樂進不了以色列，也算是池魚之殃，華格納自己大概生前始料未及吧！

㈦華爾滋世家：史特勞斯

華爾滋舞（der Walzer）又稱圓舞曲，是從位在北奧地利，靠近德國南部地方的蘭德勒（Ländler）的民間舞曲，一種3/4拍子的舞蹈發展而來的。據信很可能就是一種從十五世紀以來，世人所知的類似德國的旋轉舞。約在一七七〇年融合一種德國民間奇數節拍（比如三小節、五小節）的雙人舞蹈。起初被王公貴族認爲是一種不入流的舞蹈，約從一七九〇年傳到維也納，自從「維也納會議」舉行以來廣獲國際認同。今天它已屬於一種國際標準舞蹈。

圓舞曲一般可以分爲兩類：一種是專用在舞會上伴舞的；一種是在音樂會演奏，專供人們聆賞。我們經常聽到三拍子的節奏清晰而穩定、曲調優美流暢的圓舞曲，主要是舞蹈曲。最初的圓舞曲其速度是緩慢的，不久又把它編成較長一點，後來在速度上還有快、中、慢之分。最後樣板的圓舞曲是德國浪漫主義時期的音樂作曲家韋伯作於一八一九年的《邀舞》，他將一首華爾滋的循環旋律配以較緩慢的前奏，並加上樂曲的結尾，讓人印象深刻。

華爾滋舞曲發展的高峰期，也即維也納華爾滋的創作者，當推約瑟夫・蘭納（Joseph Lanner，一八〇一至一八四三年），他首先將華爾滋擴充成循環曲。他的二百〇八首進行曲、蘭德勒、樂曲集錦、加洛普舞曲（一種2/4拍的輕快橫步舞）、華爾滋舞曲廣受民眾的歡迎。尚有與他同時代的音樂世家史特勞斯家族也是功不可沒。與蘭納是同事的老史特勞斯（Johann Strauß，一八〇四至一八四五年，父）使華爾滋成爲一種合乎社會規範的舞蹈，他創作一百五十多首華爾滋、多首四對舞、加洛普舞曲、波爾卡舞曲及進行曲〔尤以獻給一八一三年萊比錫會戰英雄拉德茨基伯爵（Joseph Wenzel Radetzky，一七六六至一八五八年）的「拉德茨基進行曲」（Radetzkymarsch）最爲人津津樂道〕。有「華爾滋之王」美譽即是與他同名的大兒子（Johann Strauß，一八二五至一八九九年，子），第二個兒子是約瑟夫（Josef Strauß，一八二七至一八七〇年），作了將近三百首華爾滋、波爾卡舞曲〔這之中有與其兄合著的皮其卡多－波爾卡舞曲（Pizzicato-Polka），皮其卡多是一種義大利樂器，需要用手指去撥其琴弦〕、瑪祖卡舞曲和四對舞。老三叫艾都阿德（Eduard

Strauß，一八二五至一九一六年）。大哥死後，他繼承其兄在皇家舞會主任的職位，作有三百多首曲子。

目前華爾滋除了有快速維也納華爾滋和慢速華爾滋（或稱英國式華爾滋）外，也有法國華爾滋（在速度方面來自本身加快的部分）及較慢的波士頓（Boston，美國麻州首府）華爾滋。

華爾滋之王約翰・史特勞斯（Johann Strauß，子）一天傍晚演出結束後，疲憊不堪地回到旅館。剛想躺下休息時，忽然門被人用力撞開，一名俄國軍官闖了進來，他莫名其妙，正納悶不知發生了什麼事時，那俄國軍官怒氣沖沖地遞上一份「決鬥書」，大聲吼道：「您是我妻子的『情人』，您就是我的『情敵』，我要同您決鬥，請亮刀吧！」說完，抽出長劍，擺出決鬥的架勢。

史特勞斯平靜地問：「先生，先講講原因，再決鬥也不遲吧！」

「您每次演出，我妻子都去聽，並且每次都送您鮮花。『花』代表愛情，所以您和她有私情，是我的情敵，所以我非跟您決鬥不可！」

史特勞斯聽了這簡直無禮而又愚蠢的話，真是哭笑不得。一看軍官怒不可遏的樣子，他走上前，將俄國軍官的劍插回劍鞘裡，拍拍他的肩膀說：「先生，請您跟我來看看一些東西，我們再決鬥也不遲吧！」

史特勞斯把軍官帶到一個大廳裡，這裡放著上千束鮮花，都是熱情的觀眾們送的。他指著這些鮮花說：「請把貴夫人送給我的鮮花挑出來，讓花兒作證，我們才好決鬥啊！」

俄國軍官面對成千束的鮮花，馬上解開心中的疑團，怒氣頓消，他連忙羞愧地向史特勞斯道歉，行完軍禮，不好意思的離開了。

(八)小史特勞斯與《藍色多瑙河》

奧地利古典音樂家約翰．史特勞斯（Johann Strauß，子）一生中創作了一百七十多首樂曲，大部分爲華爾滋舞曲，享譽國際，因此被封爲「華爾茲之王」（Walzerkönig）。

讓人百聽不厭的「藍色多瑙河」之創作來歷與他的一段婚外情有關。當他在維也納時，結識了一位著名的女歌唱家，兩人經常一起合作，才子佳人朝夕相處漸漸產生了愛慕之情。

一次，他們計劃離開維也納乘船順著多瑙河到外地演出。臨行之前，史特勞斯聰明又賢慧的妻子特意去拜訪了女歌唱家，說她擔心丈夫在外地的生活起居不安定，情眞意切地拜託女歌唱家照顧她的丈夫。女歌唱家感覺到史特勞斯的妻子的確是個賢內助，對丈夫無怨無悔付出眞誠的愛。便勸史特勞斯打消去外地演出的念頭，留在妻子身邊。

史特勞斯坐在多瑙河岸邊，望著愛戀的人乘船離他而去，他看著船隻慢慢遠去、消失。此時獨自坐在岸邊的他回憶與女歌唱家的過往，尤其是當他們一起搭馬車赴碼頭時，沿途風和日麗、景色如畫，兩人心情大好。史特勞斯愉快地哼著曲子，女歌唱家也用嘹亮歌聲附和著，他那時的嚮往、興奮演出成功的愉悅心情，對照著現在孤獨、悲傷、百感交集的心情，他哭了。多瑙河的流水似乎理解他的心情，河水仍然潺潺地流著、波浪起伏、碧波蕩漾。回首前塵往事，一一在他心中湧現，奔放、飛躍、熱情，漸漸地形成了一個個音符，於是一首聞名世界、歷久不衰的樂曲——《藍色多瑙河》誕生了。

一八六三至七〇年史特勞斯被任命爲皇家舞會主任。他所創作的十六首輕歌劇中，以一八七四年的《蝙蝠》（*Die Fledermaus*）、一八八三年的《威尼斯的一夜》

（*Eine Nacht in Venedig*）和一八八五年的《吉卜賽子爵》（*Der Zigeunerbaron*）最爲著名，演出時大獲成功。除了法國十八至二十世紀初的四對舞（Quadrille）、（捷克的）波爾卡舞曲（Polka）、進行曲（Marsch）及其他的作品外，其華爾滋舞曲（Walzer，一稱圓舞曲）最爲膾炙人口，其中有《愛之曲》（*Liebeslieder*，一八五二年）、《皇家舞會曲》（*Hofballtänze*，一八六五年）、《維也納森林》（*Geschichten aus dem Wienerwald*，一八六八年）、《維也納之血》（*Wiener Blut*，約一八七一年）、《春之歌聲》（*Frühlingsstimmen*，約一八八二年）及《皇帝圓舞曲》（*Kaiserwalzer*，一八八八年）。

每年的除夕，奧地利皇家音樂廳都會依照慣例舉辦華爾滋音樂會，紳士及淑女們皆著正式的舞會禮服，聆賞樂隊演奏，之後並成對地翩然起舞，其中「藍色多瑙河」、「維也納森林」及「皇帝圓舞曲」是傳統的指定曲。此音樂會並由電視轉播，廣向全世界播放。

有關史特勞斯的傳記，美國好萊塢電影製片公司於一九五〇年代曾以黑白片拍攝，臺灣的影片譯名爲「翠堤春曉」。

註 釋

【1】還有兩國雖然居民是日耳曼人，說德語，但並未包括在日耳曼帝國之內的，其一為奧地利，另一個為瑞士。

【2】歷史學者通常就以西元四七六年作為羅馬帝國滅亡的一年。而稱以後繼續存在於東部的帝國為東羅馬帝國，或拜占庭帝國。

【3】中譯查理曼是由法文 Charlemagne 約定俗成音譯而來，德文寫法的漢譯為卡爾大帝。

【4】查理曼大帝將帝國鞏固並統一起來，這個版圖包括今天的法國、荷蘭、比利時、盧森堡及德國、奧地利的大部分土地，並統有北部及中部的義大利。

【5】參見〈德語來源〉之章節。

【6】荷蘭採用路德翻譯聖經的藍本語言——低德意志土話，它後來成為荷蘭的書面語言。瑞士在語言上仍然使用德語，日後文化的發展也與德國息息相關。

【7】克魯伯關係企業集團（Krupp-Konzern）一八一一年由克魯伯（F. Krupp，一七八七至一八二六年）在埃森（Essen）創立。後由公司領導人克魯伯（A. Krupp，一八一二至一八七七年）大肆進行擴張。一八六〇年發展成一系列的礦業、礦井、冶煉加工和其他加工業。之後，從十九世紀的五十年代以來，即投入軍備生產。在兩次的世界大戰中，克魯伯接受軍備製造的訂單高居德國第一名。

【8】希特勒自稱第三帝國的領導人。第一帝國是奧圖大帝建立的王朝。

【9】指法蘭克福國民議會表決德國統一採取「大德意志方案」或「小德意志方案」。

【10】原為洛特林根大公爵史蒂分（Stephan）。

【11】原本屬於哈布斯堡家族的斯雷西恩，一般根據英文譯名發音為西里西亞（**Schlesia**）。

【12】希特勒誕生於奧地利濱臨英河的布朗奧（**Braunau am Inn**）。

【13】利希頓斯坦恩（**Liechtenstein**）介於奧地利與瑞士間，面積只有一百六十平方公里，人口約二萬七千人，首都瓦都茲（**Vaduz**），官方語言是德語，採用瑞士幣值。這個國家是瑞士的保護國；將近一萬個外國人住在這個小國，特別是德國人、奧地利人和瑞士人最多，他們把利希頓斯坦恩視為避稅的天堂。

【14】據說一二九一年瑞士最初三個地區的聯盟者在此宣誓反抗奧地利暴政。席勒特地以這個地區為題材，寫下了著名的魯特利山谷牧場宣誓。

【15】莫伯桑膾炙人口的短篇小說共計三百一十幾篇，一八八〇年以普、法戰爭為背景的短篇小說之《脂肪球》（*Fettklößchen*）一作躍登文壇。

【16】《最後一課》（*Les Contes du Lundi*）及《柏林之圍》原著內容摘要節錄自：新潮文庫四八三「最後一課」，阿爾封斯・都德著，齊霞飛譯，二〇〇七年九月，志文出版社，臺北，第七、八、二六、二七、二八、六四、六七、六八頁。

【17】按甘迺迪總統於一九六三年十一月二十三日在競選美國總統連任時，於德州達拉斯城被槍殺。

【18】**Das Brandenburger Tor**（布蘭登堡門）如同凱旋門是巴黎的象徵一樣，布蘭登堡門是柏林的標誌。它是位於前東德菩提樹大道的柏林紀念碑，為德國建築師朗格漢斯（**C. G. Langhans**，一七三二至一八〇八年）於一七八八至九一年豎立的。上面駕著戰車的勝利女神青銅雕像，在一八〇七年被拿破崙當作戰利品帶走。但一八一四年德國的軍隊又將它帶回來了。柏林人對布蘭登堡門有特殊的感情，稱它為「命運之門」。在過去的兩百年裡，布蘭登堡門目睹了多少興衰榮辱：一八七一年普魯士的軍隊從門下凱旋而歸，一九三九年希特勒從門下去「征服世界」，造成多少生靈塗炭。一九六一年一堵柏林圍牆一夕矗立，布蘭登堡門被隔在大牆

以東幾十米，成為德國分裂的象徵。一九八九年柏林圍牆倒塌時，統一的呼聲響徹雲霄。一九九〇年德國統一，今天，布蘭登堡門為旅客最喜歡拍照留念的景點之一。

【19】本曲採用海頓作品皇帝四重奏（Kaiserquartett Hob. Ⅲ：77）七十七號中第二樂章，十分華麗動人。本樂曲係海頓一七九七年為恭祝奧地利皇帝法蘭茲二世壽誕而作的「奧地利國歌」的主題，予以不同的變形，這種形式稱為「變奏曲」（Variationssatz）。本曲意境簡潔明快、幽雅精鍊、節奏流暢愉快。聆賞時，愛國的民族主義感猶然而生。海頓介紹見肆、德國的文藝饗宴，第二三八至二三九頁。

【20】見〈德國人怎樣使用「您」和「你」〉。第一〇六至一〇七頁，也即今天一般也把真誠和坦率看作德國人的特徵。

【21】根據二〇一一年的統計，在德國共有五十七萬四千三百九十九個社團，會員共有七千多萬人。

【22】比蘇格拉底更早的希臘哲學家安那卡果拉斯（Anaxagoras，介於紀元前五百和四九六年生，卒於四二八年），提倡自然哲學，認為「精神是變動的及不同的世界準則」。

【23】笛卡兒（René Descartes，一五九六至一六五〇年）法國哲學家。

【24】德國百貨公司琳瑯滿目、不勝枚舉的居家用品，在布置、裝飾、美化方面多到讓人覺得不可思議。

【25】「神祕主義」（Mystik）產於晚期的中古世紀，它大大的影響了整個宗教生活。有一派神學家以豐富、熾熱的情感，或某種個人不可思議的幻象，長期默禱、深思，直接和上帝交往，從而獲得真理的啟示或對某項教義的不凡認識。這即是「神祕主義」。

邁斯特・艾克哈特（Meister Eckhart，一二六〇至一三二七年）是德國冥思神祕論最重要的代表。他主張人對上帝保持熱烈與親密的關係，為了維持這種關係，人首先必須獨身隱居，遠離塵世，以便全神貫注於神的智慧和真理；因為他認為精神的內在力量，「靈魂的火花」潛伏著與神靈保持直接接觸的可能。他把這種經歷描繪為上帝誕生在人類的靈魂裡。今天，他的神祕論在基督教界仍受重視，但因與教會片面的、教條式的觀點有關，長久以來遭受到泛神論（者）的懷疑。

【26】湯瑪士・曼為一九二九年諾貝爾文學獎得主，納粹掌政，受希特勒迫害，於一九三九年流亡美國，一九四四年取得美國籍，一九五二年回到歐洲，一九五四年定居於瑞士，一九五五年於蘇黎世去逝。

【27】馬丁・路德見第二五頁及參、三、第一六九至一七二頁。

【28】本段話摘錄自：Thomas Mann: Politische Schriften und Reden. 3. Fischer Verlag, Frankfurt am Main, 1960. p.173.《少年維持的煩惱》見第一二二頁。

【29】伊塔卡（Ithaka）在希臘西海岸前方眾多小島中的一座，以畜牧業為主，自從銅器時期已有人居住。在希臘神話裡，它是奧德修斯（Odysseus）的故鄉。奧德修斯由於在特洛伊戰爭，洩漏天機，被神罰在海上漂流二十年，方始返家。

【30】歐索曼諾斯（Orchomenos）位於雷瓦地亞（Lewadia）東北邊，在史前史已有人在此定居，古時此地以神諭問卜著名。一八二二至一八二九年，希臘爭自由解放戰爭時被毀，首府波歐亭（Böotien）人口約十六萬人，有紡織及食品工廠，荷馬曾記載此地基督誕生前十四世紀的圓形墓地。

【31】提尼斯（Tiryns），靠近阿勾里（Argol.）灣一處古希臘、羅馬廢墟，為邁錫尼文化中心，古堡在一二〇〇年被摧毀。

【32】凡是理解及把握要領的東西就稱為「概念」。

【33】凱特爾於一九四五年五月八日簽下德國軍隊戰敗投降的文件。一九四六年十月十六日被紐倫堡軍法審判，執以絞刑。

【34】貝克（Ludwig Beck，一八八〇至一九四四年），自一九一一年擔任德國將軍，一九三五年為指揮部的最高將

領。因反對希特勒占領捷克，於一九三八年被解職。離開軍職後，加入反抗組織。參與一九四四年七月二十日的行刺希特勒作業，事敗欲自殺不成，後被槍殺。

民間反抗希特勒侵略政策的，以慕尼黑大學休爾兄妹最為著名，兄漢斯（Hans Scholl，一九一八至一九四三年）就讀醫學系，妹蘇菲（Sophie Scholl，一九二一至一九四三年）攻讀生物與哲學，在慕尼黑大學與一些同學組成白玫瑰社（Weiße Rose），宣傳反納粹政府，他們在發傳單時被捕，於一九四三年二月十二日被人民法院判處死刑後處決。

德國影片《刺殺希特勒》及美國影片《華爾琦麗兒》（由湯姆．克魯斯飾演史道芬伯格）描述施道芬伯格刺殺希特勒始末，《帝國大審判》描述休爾兄妹宣傳反希特勒始末。

【35】施道芬伯格的哥哥貝特厚德（Berthold Graf Schenk von Stauffenberg，一九〇五至一九四四年）是名律師，一九三九年擔任海戰部門的民權顧問。參與其弟一九四四年七月二十日暗殺希特勒行動，一九四四年八月十日被人民法庭判處死刑。

【36】BMW是「巴伐利亞發動機工廠股份公司」（Bayerische Motoren Werke AG）的簡稱，係一個德國汽車製造業，總部設在慕尼黑（München），一九一六年創立時原名為「巴伐利亞飛機工廠股份有限公司」（Bayer. Flugzeugwerke AG）。從一九二二年起，即改為今天的名稱。一九六八年併入座落於丁勾芬格城（Dingolfing，在巴伐利亞邦，濱臨下伊沙河（Isar）的漢斯．葛拉斯．伊沙機器工廠股份有限公司（Hans Glas GmbH Isaria Maschinenfabrik），製造汽車和摩托車。

【37】希特勒甚至自己造字，把收音機 das Radio，改成 der Volksempfänger，他的意思是每一個國民都可以接受、接收到他的廣播，按：Empfänger 有接收者、接受者之意。

【38】韋伯於一八三一至三七年任教於哥廷根大學，即是「哥廷根七君子事件」（Göttinger Sieben）七位教授當中的

一位。其他六名教授為格林兄弟，兄雅克伯．格林（Jacob Grimm，一七八五至一八六三年）及弟威廉．格林（Wilhlem Grimm，一七八六至一八五九年）、歷史學者達爾曼（F. C. Dahlmann，一七八五至一八六〇年）、法學家阿爾布雷希特（W. E. Albrecht，一八〇〇至一八七四年）、神學家與東洋語言學者艾瓦特（H. v. Ewald，一八〇三至一八七五年）、歷史與文學史學者格維努斯（G. G. Gervinus，一八〇五至一八七一年）。他們聯名上書抗議漢諾威國王廢棄憲法，結果遭受驅逐離境的命運。

【39】在臺灣一般都俗稱照X光，在德國則以發現者 Röntgen 的名字稱為「龍特根射線」。

【40】佛里斯蘭群島包括今日在荷蘭省分的佛里斯蘭（Friesland）、在下薩克森的薩特蘭（Saterland）、在赫爾果蘭島（Helgoland）、北哈利根〔nördl. Halligen，在石列斯威．霍爾斯坦邦西海岸的北海之淺灘（Wattenmeer）中的群島〕、西利特島（Sylt）、佛爾（北佛里斯蘭群島中的一個小島，位於北海之淺灘）、安倫（Amrum，位於佛爾西邊的小島）和濱臨石勒斯威、霍爾斯坦邦西海岸。

【41】馬克．吐溫為筆名，本名 Samuel Langhorne Clemens。其家喻戶曉的《湯姆歷險記》被拍成卡通片或影片，廣受全世界兒童歡迎。

【42】西班牙的教授安德斯．塞維拉（Andres Servilla）在國際語言學會發表的研究成果，摘自一九六九年，四月二十九日「南德日報」（Süddeutsche Zeitung）。

【43】美國作家馬克．吐溫於一八八〇年發表了《歐洲遊記》。在這部遊記中，他敘述了他為學習「可怕的語言」所付出的辛苦努力；於是他尖酸刻薄，但不失風趣地提出了關於改革德語的八項緊急建議。

【44】阿勒山是土耳其最高的山，有二座高聳的死火山，靠近伊朗和前蘇聯，大阿勒山有五千一百六十五公尺高；小阿勒山高三千九百二十五公尺，在二千六百公尺高的地方由一處馬鞍形山脊與大阿勒山隔開。一八二九年巴羅特（F. Parrot）首次登上大阿勒山。相傳阿勒山是挪亞方舟（Arche Noah）降落的地點。

【45】見 der Beruf 職業，第一〇八至一一〇頁。die Arbeit 為「工作」之意；der Glaube 為「信仰」之意。

【46】德國姓氏見 Hans Bahlow（1991）：Deutsches Namenlexikon, Gondrom Verlag, Hamburg。

【47】由鐵匠、鍛工這個職業衍生的姓氏名（Schmiedname）寫法，後來也有拚寫為 Schmidt，Schmitt。鐵匠、鍛工所使用的工具後來也演變成為姓氏，比如：Ambos 鐵砧（安波斯）、Eisen 鐵（艾森）、Funke 火星、火花（係鐵匠敲擊鋼或鐵時，所拚出的火花）（芬克）、Hammel 鎚子（哈默爾）、Nagel 釘子（拿格爾）、Stahl 鋼（史達爾）、Stange 棒、桿、棍（史當格）。

【48】Althaus 尚可意譯：老舍（為中國一文學家）。

【49】德國巴洛克時期的大音樂家巴赫（Johann Sebastian Bach，一六八五至一七五〇年）係出自十七和十八世紀的音樂家族。據悉巴氏家族早年貧困，並無「姓氏」，當必須向統治者登記姓氏時，巴氏家庭遂以其住溪邊旁的 Bach 這個字去登記。

【50】德語和英語皆寫 Peter，英語唸〔'pitə; ^pi:tə〕，中譯名的約定俗成譯為（彼德）；法語寫成 Pierre，譯名（皮耶爾）、義大利語寫成 Petros，譯（培陀洛斯）。

【51】取此名的有曾是電影明星，演過多部動作片，比如「魔鬼終結者」，奧地利藉的阿諾德（Arnold Alois Schwarzenegger），一九四七年生，臺灣譯名為阿諾．史瓦辛格），他也曾當過美國加利福尼亞州的州長。

【52】臺灣譯名為菩提大道。按：Lindenbaum 德文字典解釋為椴樹。英文的 linden 及 lime tree 的解釋皆為菩提樹。

【53】德文原意指在德國特地給斯拉夫人（Slawen）住的地區。

【54】弗特這個小鎮有金屬、紡織、木材和皮革加工業，玩具製造業以及觀光業吸引遊客。請勿和另一個也在巴伐利亞邦內，與其鄰近城市紐倫堡（Nürnberg）組成一個經濟體系，人口九萬九千多人的福爾特（Fürth）混淆。一八三五年建成的連貫紐倫堡及其鄰鎮福爾特的鐵路，是德國第一條鐵路。

【55】「哥廷根七君子事件」見〈高斯巧解算術題〉註釋三八。

【56】《兒童的神奇號角》（*Des Knaben Wunderhorn*）由阿爾尼姆（A. von Arnim，一七八一至一八三一年）和布倫塔諾（C. Brentano，一七七八至一八四二年）共同蒐集而成。全書蒐集了約三百年間（從十六世紀到十九世紀）的德國民歌。這本歌集蒐集目的是使民族文化和詩詞韻文學能夠年輕化，消除知識分子與一般民眾之間的隔閡。著名的曲名《晚安，晚安》、《假如我是一隻小小鳥》、《睡吧，小寶貝睡吧》等都是清新活潑、生活氣息濃厚的民歌，它們廣泛地流傳於德國民間，歷久傳頌不衰。第一冊於一八〇五年在海德堡出版，第二冊和第三冊於一八〇七年在卡塞爾出版。

【57】赫爾曼．格林（Herman Grimm，一八二八至一九〇一年）德國藝術史及文學史家，為威廉長子。他深刻描寫的《米開蘭基羅，一八六〇至六三年》、《拉斐爾，一八七二年》和《歌德，一八七七年》獲得廣大的迴響，尚著有散文，特別是威瑪古典主義的文學深獲好評。

【58】童話集的插畫為格林兄弟的弟弟路德維希．艾米爾（Ludwig Emil Grimm，一七九〇至一八六三年）所畫，他是銅版畫家，自一八三二年起任教於卡塞爾高等學院。

【59】〈不萊梅市的音樂家〉係格林童話裡一則深受歡迎的故事，描述四隻動物，驢子、狗、貓和公雞因年老力衰，被主人趕出家門。四隻動物結伴而行，立志到不萊梅當音樂家。這四隻可愛的動物雖未抵達不萊梅，但勇往直前，為著理想邁進，其精神卻是令人敬佩的，這也是為什麼不萊梅人引以為傲，為牠們鑄銅像的原因。這座由驢子、狗、貓和公雞依序疊成的銅像，矗立於市議堂邊，它已成為不萊梅的標誌。

【60】根據原著小說被拍成電影，在臺灣上演時，片名為「冰淇淋的滋味」。

【61】根據原著小說被拍成電影，在臺灣上演時，片名為「我們這一班」。

【62】普勞恩屬於肯米茲城（Chemnitz）的一個城區，前東德為紀念馬克思，將肯米茲城改名為卡爾．馬克思城

（Karl-Marx-Stadt），兩德統一後，已改回原名。

【63】見本章第二二八頁。

【64】見本章第二二六頁。

【65】Kantate（音樂名詞），音譯康塔特，是一種大合唱，其中有獨唱、重唱穿插，有宗教或世俗主題的情節。

【66】他的名字 Felix 即是「幸福」之意。在他的一生中的確名符其實的過著幸福的生活，其祖父是啟蒙時期與文學家雷辛（G. E. Lessing，一七二九至一七八一年）私誼甚篤的名哲學家摩塞斯・孟德爾頌（Moses Mendelssohn，一七二九至一七八六年），其父是銀行家，家境富裕。

【67】雙簧管（Oboe），又稱歐巴管，是一種高音木管樂器。

【68】參見〈德意志精神的特性〉，第一一八至一一九頁。

【69】華倫斯坦為三十年戰爭時，德國的名將。

【70】韋伯生於奧丁（Eutin）的一個音樂家庭。他的歌劇《魔彈射手》（*Freischütz*）是齣典型的歌劇，一八二一年首演時大獲成功，這齣歌劇成為德國民族歌劇的典型，韋伯尚寫有其他歌劇。此外，還創作兩個交響樂、兩個單簧管協奏曲、兩個鋼琴協奏曲、室內音樂、鋼琴音樂（如一八一九年的《邀舞》（*Aufforderung zum Tanz*）），舞臺劇、彌撒、康塔特、詠唱曲及歌曲，並且還是個音樂評論家及音樂作家，可謂是個多才多藝的人。他在歌劇裡率先使用「回憶主題」的技巧，這對華格納後來的「主導旋律」技巧是項人大啟發。

【71】這位國王從小醉心於華格納樂劇裡的男主角「天鵝騎士」。一八七一年加入普魯士領導對抗法國的統一戰爭。事成，俾斯麥允諾慷慨資助他建造「新天鵝皇宮」（Neuschwanstein）及「赫爾倫基姆湖皇宮」（Herrenchiemsee）。一八八六年精神異常，溺斃於史丹柏格湖（Starnberger See）。

【72】在日本的結婚典禮進行曲喜歡引用孟德爾頌作的《結婚進行曲》。臺灣則偏愛華格納作的曲子。

德國人入門

作　　者　賴麗琇(393.9)
發 行 人　楊榮川
總 編 輯　王翠華
主　　編　陳姿穎
責任編輯　邱紫綾
封面設計　吳雅惠
出 版 者　五南圖書出版股份有限公司
地　　址　106台北市大安區和平東路二段339號4樓
電　　話　(02)2705-5066
傳　　真　(02)2706-6100
劃撥帳號　01068953
戶　　名　五南圖書出版股份有限公司
網　　址　http://www.wunan.com.tw
電子郵件　wunan@wunan.com.tw
法律顧問　林勝安律師事務所　林勝安律師
出版日期　2013年12月初版一刷
　　　　　2015年10月二版一刷
定　　價　新臺幣350元

國家圖書館出版品預行編目資料

德國人入門／賴麗琇著. -- 二版. -- 臺北市．五南, 2015.10
面；　公分
ISBN 978-957-11-8036-6 (平裝)
1.文化　2.社會生活　3.德國
743.3　　104002283